JUGENDSTIL
IN
KATALONIEN

Dieses Buch wurde gedruckt auf 100% chlorfrei gebleichtem Papier gemäß TCF-Norm.

EVERGREEN is an imprint of Benedikt Taschen Verlag GmbH

Abbildungen, Layout und Konzeption: Michel Saudan und Sylvia Saudan-Skira, Genf
Text: François Loyer
Übersetzung: Kurt Kreuz, Basel und Sybille Schlegel-Bulloch, Commugny
Redaktion: Sabine Duda, Köln
Umschlag: Mark Thomson, London

Printed in Germany
ISBN 3-8228-8195-3

JUGENDSTIL IN KATALONIEN

FRANÇOIS LOYER

EVERGREEN

Inhalt

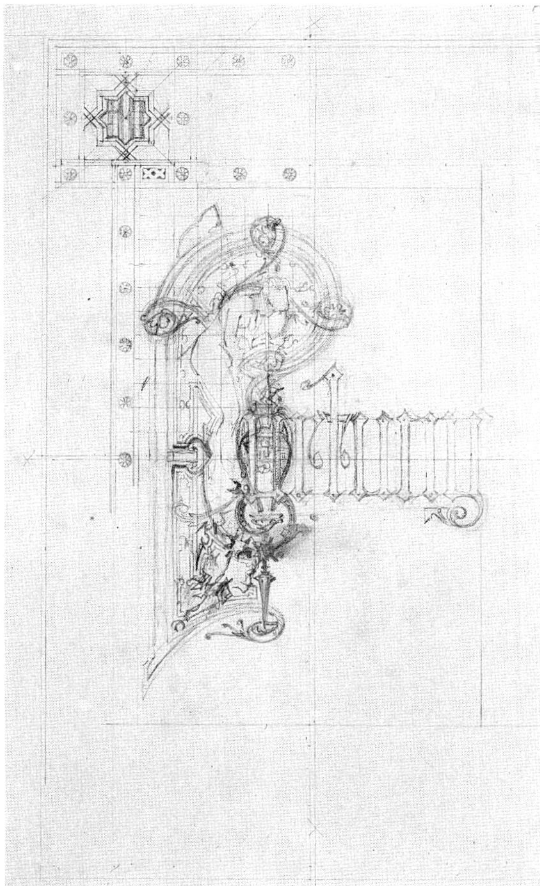

Lluís Domènech i Montaner
Entwurf eines Bucheinbandes
Fortuny, 1882
Josep Yxart

Einführung

Barcelona, die stolze Rivalin Madrids, war gegen Ende des letzten Jahrhunderts nicht nur die größte, sondern auch aktivste Stadt Spaniens. Dieses Zentrum einer zum Meer hin offenen Region war ein katalanisches Manchester und Liverpool zugleich. Neben den Webereien, die Baumwolle aus Ägypten verarbeiteten, und der Metallindustrie, deren Hochöfen die Stadt zum industriellen Zentrum Spaniens machten, war der Seehandel dieses „Tors zum Orient" der wichtigste Wirtschaftszweig, der Barcelona gar bedeutender als Marseille, Genua und Neapel machte. Von der Weltausstellung im Jahre 1888 bis zur Militärrevolte des Generals Primo de Rivera im Jahre 1923 (die für die Provinz das Ende ihrer Autonomie bedeutete) läßt sich das Wachstum der Stadt an ihrer stetig steigenden Einwohnerzahl messen: 1878 hatte sie 350 000 Einwohner, 1897 waren es 509 000 und 1910 bereits 587 000. Innerhalb nur einer Generation hatte sich die Bevölkerungszahl nahezu verdoppelt, so daß die großzügigen Bauvorhaben des Ingenieurs Ildefons Cerdà durchaus begründet waren. Nach seinen Plänen hatte man 1854 begonnen, die Stadtmauern niederzureißen und die Stadt auszudehnen, um im *Eixample* (Zuwachs) neue Wohnviertel zu schaffen.[1]

Das explosive Wachstum der Stadt führte auch zu einem Aufschwung ihres intellektuellen und kulturellen Lebens. Die Bewegung *Renaixença*, die ihren Namen der 1851 gegründeten berühmten Avantgarde-Zeitschrift verdankte, ist ein Beispiel für die künstlerische und literarische Blütezeit der Jahrhundertwende und kann in vieler Hinsicht mit verwandten Bewegungen in Belgien, zum Beispiel in Brüssel mit *L'Art moderne* oder der Gruppe *Les XX* verglichen werden. Barcelona, Schmelztiegel unterschiedlichster Einflüsse und Kulturen, war vielleicht die französischste aller Städte Spaniens. Zugleich war sie aber auch – aufgrund ihrer Handelsbeziehungen mit dem seit 1882 unter britischem Mandat stehenden Ägypten – offen für die Einflüsse der angelsächsischen und der arabischen Kultur. Mit dem Orient pflegte Barcelona schon allein deshalb besonders enge Beziehungen, weil Spanien über einen langen Zeitraum hinweg Besitzungen in Nordafrika hatte. Außerdem bestanden – zumindest bis zum Verlust der mittelamerikanischen Kolonien im Jahre 1898 – enge Bande zur Neuen Welt. Aus diesem Zusammenspiel unterschiedlicher Einflüsse erklärt sich die ausgeprägte Eigenart dieser Metropole, die wir sicherlich zu den lebendigsten und temperamentvollsten Städten der Epoche zählen dürfen.

Die um die Jahrhundertmitte durch die Industrialisierung einsetzenden wirtschaftlichen Veränderungen führten binnen kürzester Zeit zur Bildung gesellschaftlicher Eliten. Waren die provinziellen Kunstakademien bislang nichts weiter als unbedeutende Anhängsel der Akademie San Fernando in Madrid gewesen, so forderten und erhielten sie nun ihre Autonomie. Aus ihnen ging alsbald eine Gruppe hochtalentierter Künstler hervor, zu denen Persönlichkeiten der modernen Kunstgeschichte wie Pablo Picasso und Salvador Dalí gehörten. Nicht weniger bedeutend war der Architekt Gaudí, der die zeitgenössische Architektur in entscheidender Weise beeinflußt hat und gewissermaßen zu ihrem Symbol geworden ist.

Natürlich läßt sich Barcelona nicht mit der Welthauptstadt der Malerei, Paris, vergleichen, die von David bis Renoir auf eine lange künstlerische Tradition zurückblicken konnte. Barcelonas Rolle als Kulturmetropole war gerade erst im Entstehen begriffen und auf gewisse Anregungen von außen angewiesen. Künstler wie Santiago Rusiñol oder Ramon Casas waren nach ihrer Rückkehr aus Paris allzu offensichtliche Bewunderer von Gustave Caillebotte und Edgar Degas, als daß man sie als originäre Figuren der Avantgarde bezeichnen könnte. Dies gilt weniger für Isidre Nonell, dessen tiefe Nachdenklichkeit zuweilen eine Innerlichkeit aufwies, die man eigentlich eher mit der Malerei von Balthus in Verbindung bringt, oder für so bedeutende Bildhauer wie Eusebi Arnau und Josep Llimona. Völlig unzutreffend wird diese Charakterisierung für die neue Generation – die Generation von Picasso und Gargallo –, die mit der Tradition des Impressionismus brach, um eine soziale Botschaft durch ihr Werk zu verkünden, dessen unterschwellige Gewalt und Sinn für Karikaturen die politischen Spannungen jener Zeit widerspiegelten.

Verlassen wir den Bereich der Malerei, um uns der Architektur und dem Städtebau zuzuwenden, dann stellen wir fest, daß in Katalonien ab der Mitte des 19. Jahrhunderts im wahrsten Sinne eine kulturelle Revolution stattfand. Dieser Generation gehörten die Begründer des katalanischen „Modernisme" an, einer dem französischen *konstruktiven Rationalismus* verwandten Bewegung, die eine charakteristische, regionale Version des Jugendstils hervorbrachte. Zur Gruppe dieser Baumeister zählten Elies Rogent, der Begründer der Architekturschule Barcelonas, der Ingenieur Joan Torras aber auch Josep Fontserè und Joan Martorell. Von der Tradition der französischen Architekten beeinflußt, wandten sie sich einer plastisch konstruktiven Formensprache zu, die die Originalität der katalanischen Bewegung begründen sollte, und zogen ihre eigenen Konsequenzen aus den Betrachtungen des 19. Jahrhunderts über Ornamentik und Struktur. Ihre Schüler Josep Vilaseca und Lluís Domènech wurden bald darauf ihre Nachfolger und wenig später auch Antoni Gaudí und der junge, hochbegabte Josep Puig, der sich zunächst den dekorativen Tendenzen des ausgehenden Jahrhunderts anschloß, um sich später, im ersten Jahrzehnt des 20. Jahrhunderts, den neuen Anliegen des sogenannten „Noucentisme" zu widmen.

In rascher Folge brachte Barcelona zahlreiche Künstlertalente hervor. Ihr Wetteifer und ihre höchst unterschiedlichen ästhetischen Ansätze machten den Jugendstil in Barcelona zu einer außerordentlich fruchtbaren Epoche. Das vom vielseitig interessierten Pere Romeu geleitete Literatencafé *Els Quatre Gats* wurde zum geistigen Zentrum dieser Bewegung. Die besten Schriftsteller und Musiker der Epoche trafen sich hier: Raimon Casellas, Eugeni d'Ors, Isaac Albèniz, Matthieu Crickboom, Pau Casals und Enric Granados. Das architektonische und städtebauliche Umfeld, in dem diese Zusammenkünfte stattfanden, gehört

Josep Domènech i Estapà
Acadèmia reial de les Ciènces i les Arts
Barcelona, 1883
Detail an der Fassade zur Rambla
Skulptur von Manuel Fuxà

Rechts:
Josep Vilaseca i Casanovas
Triumphbogen auf der Weltausstellung
Barcelona, 1888
Fries unter dem Kranzgesims,
Skulpturen von Josep Llimona,
Joseph Reynés, Torquat Tasso und
Antoni Vilanova

Unten:
Lluís Domènech i Montaner
Palau Montaner
Barcelona, 1889–1893
Wandschmuck des Attikageschosses,
Dekor von Alexandre de Riquer

Links und Unten:
Arnau Calvet i Peyronill
Hidroelèctrica de Catalunya
Barcelona, 1905
Fassade zum Carrer dels Arcs

heute zu den bedeutendsten Beispielen des architektonischen Erbes in Spanien.[2] Erwähnt werden soll, daß dieses städtebauliche Ensemble sich nicht auf die Leistungen Antoni Gaudís – wie genial auch immer er gewesen sein mag – oder auf die produktive Rivalität zwischen ihm und Lluís Domènech oder Josep Puig beschränkt, sondern auch zahlreiche architektonische Meisterwerke umfaßt, die das Ergebnis eines überaus fruchtbaren Schaffens vieler Künstler ist. Man kann also Barcelona ohne Übertreibung als eine der Hochburgen des Jugendstils im Europa des ausgehenden Jahrhunderts bezeichnen.

Aber Barcelona ist nicht Wien, wie Joan Lluís Marfany richtig feststellte: „Um es kurz zu sagen, die Psychoanalyse Freuds, der Austro-Marxismus, der Zynismus eines Schnitzler oder die Erotik Klimts sind im Barcelona der Jahrhundertwende nicht nur unbekannt, sondern absolut undenkbar.“[3] Dem ist hinzuzufügen, daß die hoffnungslose, selbstzerstörerische, fast metaphysische Dekadenz Robert Musils wohl kaum mit dem positiven Geist einer aufstrebenden Industriemetropole in Einklang zu bringen gewesen wäre. Die kulturellen Gegensätze kamen vor allem im Bestreben der wichtigsten Vertreter des katalanischen Jugendstils, ein einheitliches Gedankengebäude zu etablieren, zum Ausdruck. Diese künstlerische Auseinandersetzung war äußerst fruchtbar. Erst nach den Anarchistenattentaten und den düsteren Erfahrungen der *Setmana Trágica* (der Tragischen Woche) im Jahre 1909 nahm diese hoffnungsvolle Entwicklung eine Wende und machte sich der Ausdruck einer tiefen Bestürzung am Vorabend der ersten großen Brüche breit, die Spanien schließlich in den Bürgerkrieg treiben sollten.

Lluís Domènech i Montaner
Hospital Santa Creu i Sant Pau
Barcelona, 1902–1911 (erste Bauphase)
Verwaltungspavillon, 1903–1909
Wandpfeiler, Engel von Pau Gargallo

So offenbarte sich nicht erst mit der Bewegung des „Noucentisme“ der Optimismus, der in der katalanischen Kultur so tief verwurzelt ist: Das von dem Kritiker Eugeni d'Ors[4] und dem Bildhauer Aristide Maillol propagierte „mediterrane“ ästhetische Ideal suchte bleibende Werte in Kunst und Kultur, die – anders als der Jugendstil – jenseits flüchtiger Moden und kurzlebiger Geschmacksvorstellungen liegen. Der Nihilismus, den die Politiker der Avantgarde vorwarfen, war dieser im Grunde völlig fremd. Selbst die 1930 von Josep Lluís Sert gegründete G.A.T.C.P.A.C. (Vereinigung katalanischer Architekten und Techniker für den Fortschritt der zeitgenössischen Architektur) wird diese grundsätzlich positive Einstellung tragen, die in ihrem Glauben an die Zweckmäßigkeit der industriellen Produktion und ihrer sozialen Nutzung zum Ausdruck kam.

Josep Puigs späte Entwicklung hin zum modernen, durch Abstraktion zeitlos gewordenen Klassizismus (und seine Umsetzung in eine von neohaussmannscher Ästhetik getragene städtische Kunst) wird gemeinhin als Ausdruck eines Verrats an den Idealen des Jugendstils verstanden, zu dessen begabtesten Vertretern er zuvor gehört hatte. Puigs Sinneswandel zeigt jedoch nur, wie sehr die katalanische Architektur dem rationalen Diskurs und ihrer Vorbildfunktion verpflichtet war und sich gegen jede ästhetisierende oder kritische Abweichung zu behaupten versuchte.

Der Jugendstil, vor allem der katalanische, war mehr als eine einer einheitlichen Formensprache verpflichtete Bewegung. Er war Ort des Austausches von Idealen, bevor die Entwicklung diesen Austausch zum Kampf werden ließ. Im folgenden sollen sein Werdegang und seine Widersprüche jenseits formaler Divergenzen nachgezeichnet werden.

I

Kunst und Industrie

Die Bauweise, die sich seit Ende des Mittelalters kaum verändert hatte, unterlag ab der zweiten Hälfte des 19. Jahrhunderts in den wichtigsten Ländern Europas einem raschen Wandel. Technische und künstlerische Innovationen bestimmten das Umfeld und führten zur Entwicklung neuer Baumaterialien. Die Innovationen bezogen sich in erster Linie auf die Herstellung der Materialien, ihre Verwendung blieb allerdings weitgehend traditionell. Typisch für die Epoche war, daß die technologische Entwicklung von einer zunehmenden Verfeinerung der handwerklichen Methoden begleitet war. So gingen die technischen Neuerungen auf den Baustellen mit einer raschen Entwicklung des handwerklichen Könnens der Bauhandwerker einher. Dieses goldene Zeitalter in der Geschichte des Bauwesens war gleichzeitig eine Renaissance des Kunsthandwerks, die neue Produkte aus Glas, Eisen und Ton hervorbrachte, die das Spektrum der allgemein gebräuchlichen Materialien auf geradezu spektakuläre Weise erweiterten.

Die Architekten der zweiten Jahrhunderthälfte machten sich diese doppelte Entwicklung geschickt zunutze und schöpften die neuen Möglichkeiten voll aus. Die Architektur des Jugendstils war vor allem eine materialbezogene Architektur, die die neuen Materialien nicht nur künstlerisch aufwerten, sondern auch die in ihnen vorhandenen Möglichkeiten voll entfalten wollte. Die nüchterne Perfektion der akademischen Tradition, die sich nur für die plastische Wirkung des Werkstoffes interessierte, wich nun der Betonung der Vielfalt der Materialien, ihrer taktilen Aspekte und ihrer Umsetzung am Bau. Die Freude am Werkstoff ersetzte die Freude an der Zeichnung, die Spur des Werkzeugs trat an die Stelle der graphischen Darstellung.

Aus diesem Grunde gewann die Reflexion über den Baustoff von da an eine herausragende Bedeutung. Die Entwicklung neuer Produkte sollte mehr als ein halbes Jahrhundert lang ein faszinierendes Unterfangen bleiben. Die Eröffnung der Museen in South Kensington in London machte deutlich, wie sehr die Beziehung zwischen Kunst und Industrie in den Vordergrund gerückt war. In Barcelona folgte eine Ausstellung der nächsten: Die Ausstellung von 1851 war dem Bauwesen gewidmet, und die des Jahres 1860 führte zur Gründung eines „Zirkels für Kunst und Industrie", der zum Zweck einer ständigen engen Zusammenarbeit zwischen Künstlern und Industrie ins Leben gerufen worden war (und ohne Zweifel an die Idee des *Werkbundes* erinnert). Vor allem aber sollte die Europareise des Kunstkritikers Salvador Sanpere i Miquel die Entwicklung beschleunigen. Die Abgeordneten von Barcelona schickten ihn 1870 nach Frankreich, England und Deutschland, um sich dort über die Beziehungen zwischen Kunst und Industrie zu informieren. Die Anregungen, die er von dort mitbrachte, führten im Jahre 1880 zu einer großen Ausstellung der dekorativen Künste und ihrer Anwendungsmöglichkeiten im Industriebereich und 1881 zur Veröffentlichung seines Werkes *Aplicació de l'Art a l'Indústria.* Die Weltausstellung von 1888 in Barcelona bot dann Gelegenheit, in dem berühmten, von Lluís Domènech i Montaner konzipierten Café-Restaurant der Welt die beeindruckendsten Beispiele dieser Zusammenarbeit mit der Industrie vorzuführen. Die Einrichtung des Zentrums für dekorative Kunst in Barcelona im Jahre 1894 und die Publikation der Zeitschrift *El Arte Decorativo* schließlich führten zur endgültigen Anerkennung der Industriekunst am Ende des Jahrhunderts.[1]

Diese Entwicklung soll etwas differenzierter betrachtet werden, denn es besteht ein großer Unterschied zwischen der in den letzten Jahren des 19. Jahrhunderts verbreiteten Begeisterung für die dekorativen Künste und dem Interesse der vorangegangenen Generation an der Beziehung zwischen Kunst und Industrie. Die Unterscheidung zwischen den *schönen* und den *angewandten* Künsten, die in dieser Epoche im Umfeld der Industriekunst Gestalt annimmt, führt uns auf den richtigen Weg: Während Möbel, Gebrauchsgegenstände, Stoffe oder Tapeten in ihrer Funktion als Schmuckobjekte in den Bereich der dekorativen Kunst gehören, existiert gleichzeitig ein breites Spektrum von Produkten und Aktivitäten, die unmittelbar mit der Konstruktion und seiner Ornamentierung in Verbindung stehen und somit in den Bereich der angewandten Kunst im eigentlichen Sinne fallen. Diese Sparte entwickelte sich ab 1850 auf spektakuläre Weise und veränderte grundlegend das Vokabular der Architekten und Handwerker, an welchem Stil auch immer sie sich orientierten. Die Betonung des Werkstoffes wurde zum Leitmotiv der neuen Architektur.

Die dritte Generation des 19. Jahrhunderts – die der 70er Jahre – machte sich die plastische Gestaltung der Wand zum wesentlichen Anliegen und führte so eine entscheidende Wende in der europäischen Kulturgeschichte herbei. Selbst noch so radikale Veränderungen der Bauverfahren wären nur von sekundärer Bedeutung gewesen, hätte die Epoche nicht viel weiterreichende Erwartungen mit den technischen und künstlerischen Umwälzungen verknüpft. Die Wirklichkeit und die Gesetze der dinglichen Welt, die um so schwerer faßbar waren, als sie sich nicht länger durch irgendeine höhere Ordnung begründet erwiesen, beschäftigten die Epoche fieberhaft. Die Sprachlosigkeit der Dingwelt war verwirrend, weil sie auf Schritt und Tritt neue Rätsel aufgab, als ob die Welt nur ein Spielzeug ohne eigentliche Bedeutung wäre. Der rauschhafte Höhenflug der Wissenschaft war nicht spurlos an der Kunst vorübergegangen, die auf einen absoluten Formalismus hinzusteuern schien.

Der positivistische Ansatz in den Wissenschaften – vermeintlicher Schutz gegen die Gefahr des Formalismus – sollte den wahren Stärken der menschlichen Vernunft, Unternehmungsgeist und grenzenloser Erfindungsdrang, zu neuer Geltung verhelfen. Die Leidenschaft der Epoche für industriell gefertigte Materialien läßt sich aber auch anders deuten: Der Mensch in seinem Kampf um die Beherrschung der Natur versucht, kraft seines Intellekts die Realität zu bezwingen und Unbelebtes in lebendige Struktur zu verwandeln, um sich so selbst zum Schöpfer der Welt zu erheben. Der Stolz des 19. Jahrhunderts auf seine industriellen Leistungen liegt hierin begründet, er stimmte um vieles zuversicht-

Gaietà Buïgas i Monravà
Kolumbussäule
Barcelona, 1881–1888
Ausführung des Gusses:
Atelier Joan Torras i Guardiola
Säulenbasis

Lluís Domènech i Montaner
Café-Restaurant für die Weltausstellung, genannt „Castell dels Tres Dragons"
Barcelona, 1887–1888
Belvedere

licher als die Sinnlosigkeit der Welt, derer sich der Mensch im selben Augenblick bewußt wurde.

Der wissenschaftlich-rationalistische Ansatz hatte auch Auswirkungen auf den Baubereich, in dem das methodische Vorgehen zunehmend Einzug hielt. Im Industriesektor war dies längst gängige Praxis. Jetzt konnte die Konstruktion an sich als Kunstwerk und Architektur als Ausdruck dieser Kunst verstanden werden. Auf die ästhetisierende Betonung der reinen Form hatte der *konstruktive Rationalismus* (auf den wir noch zu sprechen kommen) eine passende Antwort, indem er die Beziehung von Form und Inhalt neu gestaltete. Indem die statische Berechnung vergegenständlicht wird, stellt die Affirmation der baulichen Regeln eine neue Ordnung her, deren kartesianische Logik die Welt neu organisiert. Während die klassische Rhetorik lange Zeit Sinnbild einer heiligen Ordnung war, die auf die platonische Auffassung einer universellen Weltordnung zurückging, sollte der konstruktive Rationalismus das Verhältnis des Menschen zur Realität grundlegend ändern und einen Beitrag dazu leisten, die Welt zu beherrschen und sie im Dienste des Menschen neu zu organisieren. So wird der außerordentliche Einfluß, den der konstruktive Rationalismus auf das architektonische Schaffen der letzten fünfundzwanzig Jahre des 19. Jahrhunderts ausübte, verständlich. Als einzige Alternative zur trügerischen, inhaltslosen Kunst bot er der Zeit ein optimistisches, zukunftsorientiertes Bild ihrer selbst und gleichzeitig eine zufriedenstellende Deutung der Welt. In der Architektur jener Zeit werden wir das Spiegelbild dieser doppelten Botschaft in ihrer ganzen Vieldeutigkeit wiederfinden, denn die Formen werden ebenso erfindungsreich wie rationalistisch sein. Die Leidenschaft der Epoche für das künstlerische Schaffen und die industrielle Produktion war mehr als nur formal: Sie stellte die Welt in ein neues Licht.

Die „Renaissance" der Architektur – um einen für die katalanische Kunst üblichen Ausdruck zu gebrauchen – im letzten Viertel des Jahrhunderts bedeutete auch belebende Impulse für die Industrie. Deren tatsächliche Bedeutung war allerdings recht gering, denn die industriellen Techniken setzten sich nicht wirklich durch. Zwar waren sie gewünscht und wurden auch angewendet, allerdings häufig um den Preis zahlreicher technischer und wirtschaftlicher Schwierigkeiten. Dieser Kraftakt zeigte sich besonders in der Eisenarchitektur, in der die Technologie den architektonischen Neuerungen der Epoche nur schwer folgen konnte. Die Träume von Hector Horeau oder von Deane and Woodward waren technisch nicht realisierbar, und es bedurfte der Genialität eines Joseph Paxton oder eines William Fairbairn, um den Crystal Palace in London oder das naturhistorische Museum in Oxford zu erbauen.[2] Barcelona war von dieser Diskrepanz zwischen architektonischem Wunschdenken und technologischer Machbarkeit in noch weit höherem Maße betroffen, denn dort gab es noch nicht einmal eine ausreichende Infrastruktur, die sich mit derjenigen der starken britischen Industrie hätte messen können. Die Materialherstellung war mangelhaft, ihre Kosten hoch, und die Qualität war allzuoft vom Zufall bestimmt.

Der Einsatz von Eisen hing in erster Linie von den Metallarbeitern ab, die in der Lage sein mußten, ein zuverlässiges Material zu liefern, das statisch berechenbar und somit für die Konstruktion brauchbar war. Die Pioniere der Eisenarchitektur beherrschten alle Etappen eines Projektes von der Beschaffung des Eisenerzes bis hin zu den letzten Details in der Ausführung eines Eisenskeletts und zur Bauleitung. Gustave Eiffel in Paris und Joan Torras i Guardiola in Barcelona[3] spielten in der Geschichte der Eisenarchitektur, die Geschichte der Technik und Kulturgeschichte zugleich ist, eine entscheidende Rolle.

Die Weltausstellung von 1867 machte deutlich, welche Veränderungen im Gange waren. Die Neuerungen fanden weniger im Bereich der Herstellung als vielmehr im Bereich der Verarbeitung statt. Eisen konnte nun in Form von Blechen, Trägern und Profilen geliefert werden, die eine mühelose Montage erlaubten, da die qualitativ hochwertigen Einzelteile einfacher zusammengefügt werden konnten als Teile aus sprödem Gußeisen. Dieses wurde nun, wie beispielsweise beim Skelett der 1868 begonnenen Nationalbibliothek und der Moulin de Noisiel (1871) durch Walzeisen ersetzt. Die Verwendung verschiedener Materialien nach der alten Regel „Stütze-Last" (Gußeisen für den Druck, Schmiedeeisen für Zug und Biegung) wurde bald aufgegeben, und man begann, ausschließlich Stahl zu verwenden. Ende der 80er Jahre wurde in Chicago das erste Gebäude mit einem reinen Eisenskelett fertiggestellt (Second Leiter Building, 1889–1891). Die innerhalb eines Zeitraums von nur zwanzig Jahren eingetretenen radikalen technischen Veränderungen verlangten von den Ingenieuren und Herstellern, ihre Verfahren beim Einsatz von Metallkonstruktionen zu überprüfen. Jedes Bauvorhaben wurde zum Abenteuer, jede Baustelle eine Herausforderung. Der durch die netzartige Anordnung der Träger verbesserte Dachstuhl, der ein perfektes Bild der auf die Struktur wirkenden Kräfte abgab, ist ein Musterbeispiel für die steten Innovationen im Baubereich. Joan Torras, der ein solches Raumfachwerk aus Eisen zum ersten Mal beim Industriepavillon auf der Weltausstellung von 1888 in Barcelona errichtet hatte, wollte noch nicht einmal ein Patent auf diese Erfindung anmelden, denn sie erschien ihm so einleuchtend wie das Ei des Kolumbus!

Die Entwicklung der Terrakotta verlief nicht weniger spektakulär. Die industrielle Herstellung führte zu einem qualitativ gleichbleibenden Produkt, dessen genaue Abmessungen das Zusammenfügen erleichterten und exakt berechenbar machten. Ein verbessertes Brennverfahren sowie die Kombination der Grundstoffe Tonerde und Glas erhöhten zusätzlich die Materialqualität. Emile Müller hatte bereits seit Ende des Second Empire an der Herstellung qualitativ hochwertiger glasierter Backsteine gearbeitet und diese so lange perfektioniert, bis ihm für die Weltausstellung von 1893 in Chicago schließlich die Herstellung von bei hohen Temperaturen gebrannter polychromer Keramik gelang, deren Qualität nichts mehr zu wünschen übrig ließ.[4] Während die Fayence sehr zerbrechlich war und daher nur in Innenräumen Verwendung fand, trotzte die emaillierte Keramik allen Witterungen. Die Fliese (die bis dahin nur durch eine Zinnglasur gegen die Abnutzung durch Begehen geschützt war) konnte nun auch Außenwände mit einer undurchlässigen, glänzenden Haut verkleiden.

Für die Entwicklung der Terrakotta spielte Barcelona eine herausragende Rolle. Nirgendwo sonst in Europa hat die bauliche Verwendung dieses Materials eine größere Bedeutung erlangt als hier. Die angelsächsischen Länder interessierten sich nur insoweit für diesen Werkstoff, als er – beispielsweise bei der Verkleidung der Eisenskelette der Hochhäuser

Lluís Domènech i Montaner
Institut Pere Mata
Reus, 1897–1919
Pavillon des Ehrengastes, Treppenhaus
Wandfliesen von Pujol i Bausis

(besonders in Chicago) – Fassaden abdichten und als Feuerschutz dienen konnte. In Deutschland und in den Niederlanden blieb der Backstein das bevorzugte Baumaterial. In der katalanischen Architektur hingegen nahmen emaillierte Terrakotten und gebrannte Sandsteine ab dem Ende des Jahrhunderts eine vorherrschende Stellung ein. In Barcelona gehörte zur alltäglichen Baupraxis, wovon die französischen Architekten geträumt hatten und was ihnen mit nur wenigen – zum großen Teil nicht mehr erhaltenen – Bauwerken gelang (beispielsweise mit dem Pavillon der Weltausstellung von 1878 von Léopold Hardy, dem Palais de la Ville de Paris von Joseph Antoine Bouvard, dem Warenhaus „Printemps" von Paul Sédille von 1882 und dem Kunstpavillon von Jean Formigé auf der Weltausstellung von 1889).

Antoni Gaudís visionärer Geist und seine beständige Suche nach künstlerischer Erneuerung waren an diesem Erfolg sicher nicht ganz unbeteiligt. Einer seiner ersten Auftraggeber, Manuel Vicens i Montaner, besaß eine Backstein- und Fliesenfabrik. 1878 experimentierte Gaudí mit diesen Werkstoffen und setzte sie auf spektakuläre Weise in dem von ihm konzipierten (und 1883 erbauten) Wohnhaus am Carrer de les Carolines ein. Gaudís Freund Lluís Domènech (der 1879 die Druckerei Montaner i Simon erbaute) schloß sich diesem Beispiel an. Von nun an erlebte die Terrakottaindustrie in Katalonien einen bemerkenswerten Aufschwung: Die von den Architekten entworfenen Musterzeichnungen wurden von den großen Terrakottafirmen in ihre Sortimente aufgenommen. Namhafte Firmen waren zum Beispiel Pujol i Bausis und Escofet sowie Tejera y Cía.[5] Sonderanfertigungen wurden von auf kunsthandwerkliche Ausführung spezialisierten Unternehmen, wie z.B. von der Porzellan- und Steinzeugfabrik Antoni Serra i Fiter, übernommen. Dank der qualitativen und quantitativen Leistungsfähigkeit der einheimischen Industrie wurde Terrakotta zu einem weit verbreiteten, ja alltäglichen Verkleidungsmaterial, das mit Putz und Anstrich auf Fassaden und auf den Wänden selbst bescheidenster Innenräume konkurrieren konnte.

Lluís Domènech i Montaner
Casa Lleó Morera
Barcelona, 1903–1905
Großer Salon auf der ersten Etage:
Mosaikdekoration der Wand von
Gaspar Homar i Mezquida
Porzellanelemente von Antoni Serra i Fiter

Die Begeisterung der Architekten für diesen Werkstoff ist verständlich. Er ist vielseitig, läßt sich – einer gewöhnlichen Tapete ähnlich – nach Belieben anbringen, kombinieren und zu Dekorationszwecken verwenden und kleidet das Bauwerk in ein prächtiges, doch kostengünstiges Gewand. In noch größerem Maße als der Backstein wurde die Fliese daher zum charakteristischen Werkstoff der neuen katalanischen Architektur. Sie ließ sich leichter und vielseitiger am Baukörper einsetzen als Eisen, konnte auf jeder Unterlage verlegt und mühelos mit den traditionellen Techniken des Mauerwerks – und sei dies noch so grob – kombiniert werden.[6] Dieses universelle Material bot der Architektur geradezu phantastische dekorative Möglichkeiten. Als Gaudí die volkstümliche Tradition der *Trencadís* (Bruchfliese) wiederaufnahm, um sie für die komplex geschwungenen Flächen seiner skulpturalen Architektur neu zu beleben, erfand er damit die vollkommene Mauerverkleidung. Diese plastische Hülle für die Wand, die *Haut* der Architektur, hatte das Maurerhandwerk immer gesucht. Viel mehr als nur traditioneller Werkstoff, wurde die Terrakotta zu einer der fruchtbarsten Entdeckungen der modernen Architektur um die Jahrhundertwende.

Eisen, Gußeisen und Stahl

Eisen war zwar der Werkstoff der industriellen Revolution schlechthin, wurde jedoch nur selten verwendet, da seine Herstellung aufwendig und teuer war. Leistungsfähige Industrien und ein hochentwickeltes Transportsystem waren notwendig, um Kohle und Erz zu beschaffen und eine rentable Weiterverarbeitung zu gewährleisten, deren technisch schwierigster Produktionsschritt die Umwandlung des Roheisens in Eisen war. In Barcelona gab es zunächst nur zwei Gießereien, die 1836 gegründete Nuevo Vulcano und die 1839 gegründete Compañía Barcelonesa de Fundición. Sie wurden 1855 von der Maquinista Terrestre y Marítima und 1873 von den Werkstätten Joan Torras abgelöst, deren Gründer die Metallindustrie in Katalonien entscheidend weiterentwickelt haben. Joan Torras war Professor für Bauwesen an der Hochschule für Architektur. Er entwickelte ein Verfahren zur Veredelung des Roheisens und erweiterte die Anwendungsmöglichkeiten von Eisen im Bauwesen, indem er flache Walzeisen durch rechtwinklige Profileisen ersetzte, die beim Bau von Fachwerkträgern zum Einsatz kamen (1875). Ferner entwickelte er einen aus Eisenträgern bestehenden Dachstuhl, dessen Netzstruktur sich als besonders zweckmäßig erwies (1888). Ein Vergleich der Markthalle des Mercat del Born von 1873 mit dem im Vorjahr konzipierten Mercat Sant Antoni zeigt die unmittelbare Anwendung seiner neu entwickelten Konstruktion. Torras hatte einen weitaus nachhaltigeren Einfluß auf die katalanische Architektur als die Pariser Weltausstellung von 1889. Die Verbindung von Backstein und Metall hatte in Katalonien einen weniger triumphalen Erfolg als in Frankreich, was sicherlich in den Kosten begründet lag. Torras' Vorliebe für Eisen hat weitgehend dazu beigetragen, daß auf den Werkstoff Gußeisen für tragende und auch ornamentale Elemente seit Ende des 19. Jahrhunderts weitgehend verzichtet wurde.

Antoni Rovira i Trias
Mercat de Sant Antoni
Barcelona, 1872–1882

Gegenüberliegende Seite oben:
Tragwerk im Inneren
Unten und gegenüberliegende Seite unten:
Fassadenausschnitt

Rechts:
Josep Fontserè i Mestres
Mercat del Born
Barcelona, 1873–1876
Fassadenausschnitt

Gegenüberliegende Seite:
Antoni Rovira i Trias
Mercat de Sant Antoni
Barcelona, 1872–1882
Tragwerk im Inneren
Ingenieur: Josep M. Cornet i Mas

Rechts und Unten:
Pere Falqués i Urpí
Central Catalana d'Electricitat
Barcelona, 1897–1899
Fassade zur Avinguda de Vilanova
Fensterrahmung und Verglasung

Schmiedehandwerk

Die industrielle Herstellung von Blechen und Metallprofilen führte zu einer vollständigen Erneuerung der Schmiedekunst. Sie befreite den Kunsthandwerker von den Mühen der Herstellung und ermöglichte ihm so, sich den komplexen Möglichkeiten der künstlerischen Gestaltung und Ausführung zu widmen. Auch die Architekten profitierten von diesem Fortschritt. Ihre Entwürfe reichten nun weit über die traditionellen, mehr oder weniger mit Blechen verzierten Flach- und Formeisenkonfigurationen hinaus. Die Schmiedekunst entwickelte sich zu einem eigentlichen Kunsthandwerk, das – nicht ohne Bezug auf die ornamentale Virtuosität der Stickerei – mit leeren und ausgefüllten Flächen, mit graphischen Mustern, Aussparungen und Überschneidungen in einer Weise spielte, die an andere gängige dekorative Werkstoffe erinnerte. Diese fast übertriebene Begeisterung für das Ornamentale, durch gründliche Lektüre von Eugène Viollet-le-Ducs *Dictionnaire raisonné de L'Architecture française* inspiriert, ebbte erst zu Beginn des 20. Jahrhunderts wieder ab, als man begann, die Vielzahl der verwendeten Materialien und Motive zu reduzieren, um das Zusammenspiel der Einzelelemente und eine gewisse Sparsamkeit in ihrer Verwendung zu betonen. Der Jugendstil war die Drehscheibe dieser Veränderung, die von der Leidenschaft für das Ornament hin zur Vorliebe für die Konstruktion, vom Formenreichtum zur planerischen Strenge der Skizze, von der Lust am überbordenden Zierat hin zur Verehrung des Werkstoffes und des ihn formenden Werkzeuges führte.

Gegenüberliegende Seite und Unten:
Antoni Gaudí
Casa Vicens
Barcelona, 1883–1888
Erdgeschoß
Fenstergitter

Oben:
Josep Puig i Cadafalch
Casa Macaya
Barcelona, 1898–1901
Fassade zum Passeig de Sant Joan
Balkongitter

Antoni Gaudí
Finca Güell
Barcelona, 1884–1887

Oben:
Detail des Portals
Links:
Detail der Eingangstür

Antoni Gaudí
Col·legi de les Teresianes
Barcelona, 1889–1894

RECHTS:
Fenstergitter
UNTEN:
Gitter vor der Eingangshalle

Bleiglasfenster und Mosaik

Ebenso bedeutend wie die Fortschritte in der Metallverarbeitung waren im 19. Jahrhundert auch die Entwicklungen in der Glasindustrie. Mit der Walztechnik wurde am Ende des Jahrhunderts die Herstellung gleichmäßig dicker Scheiben in Standardabmessungen zu erschwinglichen Preisen möglich. Chemische Farbstoffe erweiterten das Spektrum der erhältlichen Gläser und ließen die Glasmalerei nahezu überflüssig werden (ausgenommen bei Details der Figuren und Gewänder). Das rein geometrisch gestaltete Schmuckfenster nahm innerhalb der angewandten Künste bald eine bevorzugte Stellung ein, konkurrierte mit dem figurativen Glasfenster und machte diesem schließlich seine führende Rolle als Dekorationselement streitig. Ob als Glaswand, Lichtquelle oder Schmuckfenster, das Bleiglasfenster wurde zu einem beliebten Zierelement der Architektur und stand gleichberechtigt neben dem Wanddekor, dessen organische und visuelle Weiterführung es darstellte.

Die Entwicklungen der Glastechniken zogen die industrielle Herstellung von Email nach sich und verhalfen so dem Mosaik zu neuer Blüte. Fayence und glasierte Terrakotta, später auch Glaspaste und Steinzeug, verdrängten allmählich den Marmor, dessen Porosität seine Verwendung einschränkten. Ein breites Spektrum verschiedener Materialien wurde entwickelt, etwa glasierte und emaillierte Keramik und Scherben aus Glaspaste in bestimmter Größe und Form. Diese imitierten das traditionelle Mosaik und schufen neue Effekte, wenn sie beispielsweise in Form kleiner Scherben in den frischen Putz eingelassen wurden. Wie Eisen und Ton hat auch das Glas die Entfaltung der dekorativen Künste entscheidend mitbestimmt.

Gegenüberliegende Seite und Oben:
Antoni Gaudí
Torre Figueras, genannt „Bellesguard"
Barcelona, 1900–1902
Farbig verglaste Fenster in der Eingangshalle
Innen- und Außenansicht

Links:
Josep Puig i Cadafalch
Casa Coll i Regàs
Mataró, 1897–1898
Salon im Erdgeschoß
Farbige Türverglasung

Gegenüberliegende Seite
und Rechts:
Lluís Domènech i Montaner
Palau de la Música Catalana
Barcelona, 1905–1908
Konzertsaal
Gesamtansicht und Detail der
farbig verglasten Fenster
Fenster von Antoni Rigalt i Blanch

Oben:
Jeroni Martorell i Terrats
Caixa d'Estalvis de Sabadell (Sparkasse)
Sabadell, 1906–1915
Farbig verglaste Fenster der Haupthalle
Fenster von Lluís Rigalt i Corbella

Unten:
Lluís Domènech i Montaner
Hospital de la Santa Creu i Sant Pau
Barcelona, 1902–1911 (erste Bauphase)
Verwaltungspavillon, große Treppe
Detail des Gewölbes
Mosaik von Lluís Bru i Salellas

Gegenüberliegende Seite Oben, Rechts und Oben:
Lluís Domènech i Montaner
Hospital de la Santa Creu i Sant Pau
Barcelona, 1902–1911 (erste Bauphase)
Verwaltungspavillon, Galerie auf der ersten Etage
Deckengewölbe

Backstein

Der römische Mauerbackstein, der in dem anläßlich der Pariser Weltausstellung von 1878 erschienenen Werk von J. Lacroux *La Brique ordinaire* gewürdigt wurde, ist das älteste, am weitesten verbreitete und zugleich einzige Baumaterial, das problemloses Bauen zu günstigem Preis ermöglicht. Er wurde allerdings weniger für die Mauern selbst denn als Blendverkleidung verwendet. Man interessierte sich wenig für die Wirkung des Mauergefüges, maß aber dem Dialog zwischen Skelett und Füllmauerwerk größte Bedeutung bei. Als Ausdruck einer rationalen Wiedergabe des Baukörpers unterstreichen die Backsteinlineaturen Bögen und Strebepfeiler, betonten Lisenen, rahmen Tür- und Fensteröffnungen und verleihen der Fassade Lebendigkeit.

Der Backstein ist Spiel, Freude, Idiom einer ornamentalen Rhetorik, die überzeugt. Dieser rein graphisch gewordenen Kunst des ausgehenden Jahrhunderts ist jede Gestaltung recht, vorausgesetzt, sie bringt die Wand zur Geltung, unterstreicht ihre Flächigkeit durch eine eigenwillige Handschrift. Der Backstein erlaubt eine der Eisenarchitektur ebenbürtige Metaphorik, hat eine ähnliche Eleganz in Ausdruck und Proportion.

Die Begeisterung für den Backstein ging auf Viollet-le-Duc zurück (*Entretiens sur l'Architecture*). Er wurde zu einem charakteristischen Element der modernen Architektur. Man verwendete den Backstein zur optischen Auflockerung auf verputzten Flächen oder auf dem unregelmäßigen Untergrund eines rohen Mauerwerkes und kombinierte ihn, wie Gaudí bei der Finca Güell, mit Terrakottaplatten.

OBEN:
Josep Vilaseca i Casanovas
Triumphbogen der Weltausstellung
Barcelona, 1888
Eckpilaster

LINKS UND GEGENÜBERLIEGENDE SEITE:
Lluís Domènech i Montaner
Café-Restaurant für die Weltausstellung, genannt „Castell dels Tres Dragons"
Barcelona, 1887–1888
Thermenfenster und Eckturm

LUCANO
VIOLETA

OBEN:
Josep Domènech i Estapà
Asil „Empara de Santa Llúcia“
Barcelona, 1904–1909
Fassade zum Carrer de Teodoro Roviralta

LINKS:
Lluís Domènech i Montaner
Editorial Montaner i Simon
Barcelona, 1879–1886
Fassade zum Carrer d'Aragó

GEGENÜBERLIEGENDE SEITE:
Antoni Maria Gallissà i Soqué
Casa Llopis i Bofill
Barcelona, 1902–1903
Fassade zum Carrer de València

Antoni Gaudí
Finca Güell
Barcelona, 1884–1887
Eingangspavillon

OBEN:
Fassade zur Avinguda de Pedralbes
LINKS:
Umfriedungsmauer

Rechts und Unten:
Joan Rubió i Bellver
Colonie Güell, Can Mercader
Santa Coloma de Cervelló, 1900
Details der Südwestfassade

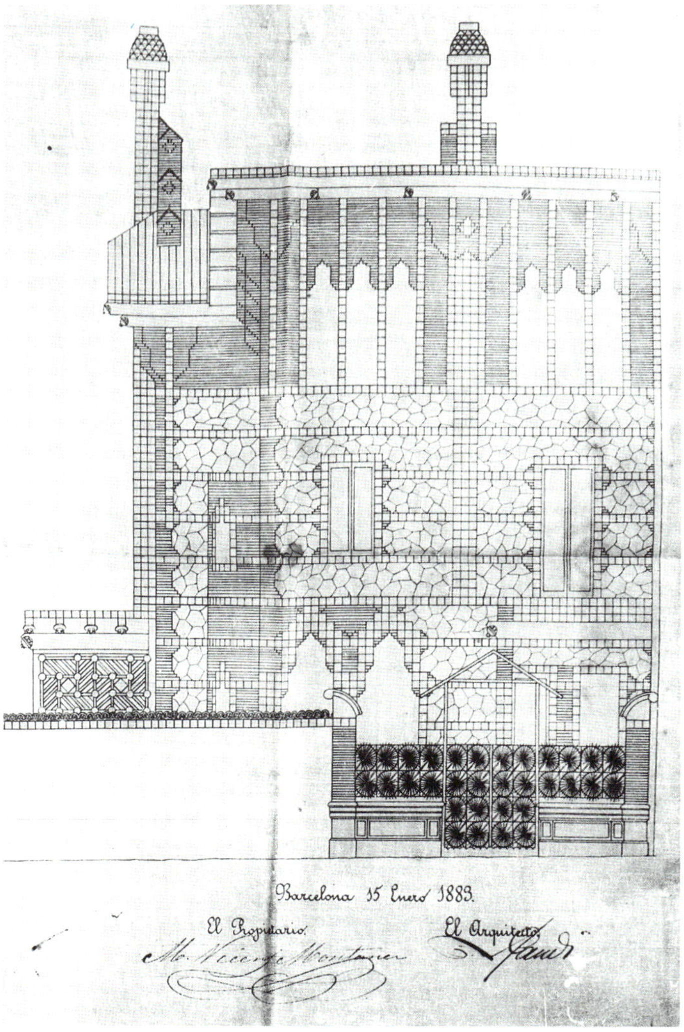

Fliesen an Fassaden

Bei der Verkleidung der Fassaden mit Fliesen aber ging die schiere Freude an der Ornamentik noch weiter. Die Weiterentwicklung der Brennmethoden gegen Ende des Jahrhunderts erlaubte eine Feuerung bei weitaus höheren Temperaturen. Die so glasierten Fliesen waren widerstandsfähiger als die einfach glasierten Fayencen und konnten deshalb in Innenräumen und auf Außenwänden gleichermaßen verwendet werden. Inspiriert von den glasierten Backsteinornamenten der Fabrik Menier in Noisiel-sur-Marne (die 1871 in der Grande Tuilerie d'Ivry von dem Elsässer Emile Müller, dem Erfinder des gebrannten Steinzeugs, erbaut worden waren), entwickelte Viollet-le-Duc die Idee, eine leichte Verkleidung aus dekorativen Fayencen einzusetzen. Dieses ehrgeizige Vorhaben (das im folgenden Jahr den Abschluß der *Entretiens sur l'Architecture* bildete) wurde zum Wegweiser für die jüngere Generation, die nicht zufrieden war, bis das Problem der Keramikglasur gelöst war.

1883 dann brachte Antoni Gaudí ursprünglich als Bodenbelag bestimmte Fliesen an der Fassade der Casa Vicens an. Die von einem großen vorkragenden Dach geschützte Fassade verkleidete er mit Fliesen- und Backsteinbändern und erhielt so eine Art Schachbrettmuster. Dieser Außenschmuck, der die Schwerpunkte der Fassade, vor allem den Erker und das obere Geschoß, betont, ist in seiner Kühnheit mit den mit Fayencen verkleideten Friesen seiner Kollegen vergleichbar, die auf diese Weise Architrave und Decken der schmiedeeisernen Balkone dekorierten.

Antoni Gaudí
Casa Vicens
Barcelona, 1883–1888

OBEN:
Aufriß, 1883

Fassade zum Carrer de les Carolines
LINKS:
Detail der Wandverkleidung
GEGENÜBERLIEGENDE SEITE:
Eckbelvedere

Gegenüberliegende Seite:
Lluís Domènech i Montaner
Casa Thomas
Barcelona, 1895–1898
(Aufstockung 1912)
Balkondecke

Rechts:
Lluís Domènech i Montaner
Casa Joaquim de Solà-Morales
Olot, 1913–1916
Dekoration des Vordaches

Oben:
Josep Puig i Cadafalch
Casa Terrades, genannt „Casa de les Punxes“
Barcelona, 1903–1905
Kassettendecken der Balkone

Josep Puig i Cadafalch
Casa Coll i Regàs
Mataró, 1897–1898
Salon und Vorzimmer im Erdgeschoß

Links und ganz unten:
Wandfliesen

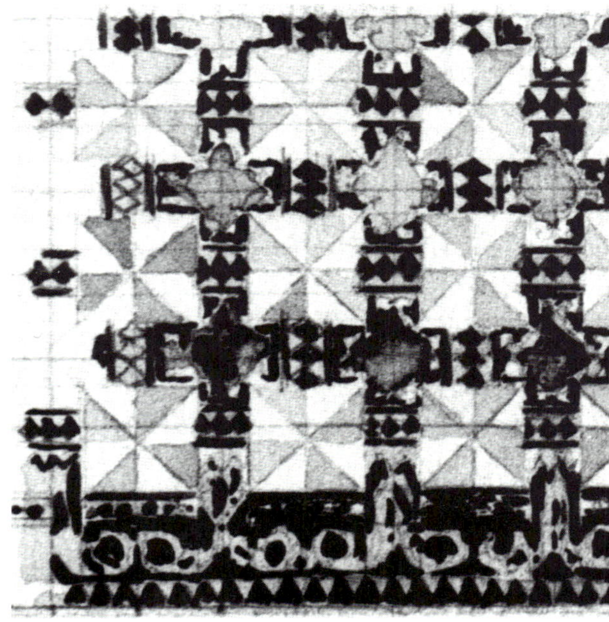

Von der Fliese zur Bruchfliese

Die als Fußbodenbelag bestens geeignete Fliese setzte dem dekorativen Erfindungsreichtum der neogotischen Tradition keine Grenzen mehr. Félix Dubans enttäuschende Ergebnisse in Blois oder die seiner Schüler Lassus und Viollet-le-Duc in der Sainte-Chapelle in Paris lagen bereits lange zurück. Nun ließen sich komplexe Dekorationen und Muster realisieren, ohne daß man ihre Abnutzung befürchten mußte. Josep Puig i Cadafalch setzte die Fliese regelmäßig in seiner Architektur ein und entwarf beeindruckende geometrische Muster, die sowohl seine Bewunderung für das Mittelalter als auch sein eigenes, hoch entwickeltes Formengefühl zum Ausdruck brachten.

Fliesen waren so beliebt, daß schließlich nicht nur Wände und Decken, sondern ganze Räume mit ihnen verkleidet wurden. Dieser Werkstoff erlaubte alle Freiheiten und lehnte sich an die Tradition des Stuckornaments an. Lluís Domènech beispielsweise kombinierte Fliesen, Mosaik und Reliefelemente zu einer harmonischen Gesamtheit, die Wände und Decke ineinander übergehen ließ.

Das Spiel der Ornamente auf den Flächen vermittelt einen harmonischen Gesamteindruck des Raumes, für den die Wände nur noch physische Grenze sind. Gaudí verwendete wiederholt die Bruchfliese; sie erlaubte ihm eine geschickte Verfremdung der rechtwinkligen Anordnung des traditionellen Fliesenbelags und eröffnete neue Möglichkeiten, einen einheitlichen, fließenden Raumeindruck zu erzielen. Bestand der ursprüngliche Sinn der Fliese darin, die Flächen zu gliedern und ihren Stellenwert im Baukörper deutlich zu machen, so trug sie nun dazu bei, die Flächen einer straff gegliederten Wandstruktur verschwinden zu lassen.

Josep Puig i Cadafalch
Casa Coll i Regàs
Mataró, 1897–1898
Salon und Vorzimmer im Erdgeschoß

Gegenüberliegende Seite
Oben Rechts:
Entwurf für eine Wandverkleidung
Oben und Rechts:
Detail des Waschbeckens

Lluís Domènech i Montaner
Institut Pere Mata
Reus, 1897–1919
Pavillon des Ehrengastes, Speisesaal

OBEN UND RECHTS:
Wandfliesen
GEGENÜBERLIEGENDE SEITE:
Deckenfliesen, Keramikornamente von
Lluís Bru i Salellas

Antoni Gaudí
Parc Güell
Barcelona, 1900–1914
Große Treppe

GEGENÜBERLIEGENDE SEITE:
Zinnen der Böschungsmauer
RECHTS UND UNTEN:
Gesamt- und Teilansicht
Verkleidung aus Bruchkeramik (Trencadís)

Links:
Ignasi Mas i Morell
Stierkampfarena „Monumental“
Barcelona, 1915–1916
Fassadenausschnitt

Oben und Links:
Antoni Gaudí
Parc Güell
Barcelona, 1900–1914
Fenster des Pförtnerhauses

Gegenüberliegende Seite:
Casa Carrer dels Quatre Camins
Barcelona, um 1905
Fenster im Erdgeschoß

2

Die Erben Viollet-le-Ducs

Die kühne Entscheidung, Barelona über seine Stadtmauern hinaus um das weitläufige, zwischen der Plaça de Catalunya und dem Dorf Gràcia gelegene Gebiet *Eixample* zu erweitern, machte die Stadt zwar übersichtlicher, aber auch ungefälliger. Entlang der mit recht kümmerlichen Bäumchen bepflanzten Straßen richteten sich gleichförmige Fassaden zweistöckiger, auf einem gemauerten Sockel ruhender Häuser auf, deren Kranzgesimse die Dachterrassen neugierigen Blicken von außen entzogen. Die der Haussmannschen Konzeption folgenden glatten, die Horizontale betonenden Fassaden endeten an jeder Straßenkreuzung in einer abgeschrägten Ecke und unterstrichen so die immense städtische Weite.

Trotz ihrer gelungenen klassischen Proportionen wirkten diese gleichförmigen Häuser streng, selbst wenn hier und dort eine Dreierarkade oder ein Säulenportikus vorgelagert war, um die Monotonie der Maueröffnungen und der Tür- und Fensterpfosten zugunsten einer individuelleren Fassadengestaltung zu unterbrechen.[1] Auch die raffinierte Erfindung des Eckerkers, die kurz darauf von Rafael Guastavino[2] zum *bow-window* weiterentwickelt wurde, konnte die fehlende Ästhetik einer allzu weitläufigen städtischen Landschaft nicht ausgleichen, deren niedrige Fassaden in keinem Verhältnis zu den von Ildefons Cerdà sehr großzügig konzipierten Straßenzügen standen. Die ursprüngliche Absicht, das Gittermuster des Eixample durch mehrgeschossige Wohnhäuser zu beleben, kam nur schleppend voran, und erst nach 1870 entstanden die ersten viergeschossigen Gebäude mit erhöhtem Parterre und Attikageschoß.[3]

Beim Bau der Neustadt dauerte es oft lange, bis eine geschlossene Baulinie erreicht war, und so wechselten in vielen Fällen Mietshäuser, Herrenhäuser und eingeschossige Geschäftsbauten einander ab und bildeten eine höchst unregelmäßige Dachlinie. In dieser noch unvollkommenen, von den Gleisen der Stadtbahn zergliederten Neustadt, setzten sich die Bauherren der Herrenhäuser bald über städtebauliche Vorschriften hinweg und ließen freistehende Bauten errichten, deren phantasievolle, an der Renaissance oder dem maurischen Stil[4] orientierte Architektursprache offenbar die Monotonie des Stadtbildes aufheben sollte. Cerdàs Barcelona war zu groß und zu öde geraten, und es fehlte ihm jeglicher Charme.

Darin lag zweifellos der Hauptgrund für die Welle des Widerstandes, die für das architektonische Schaffen der 80er Jahre kennzeichnend war. Josep Vilaseca i Casanovas machte den Anfang mit seinem am Carrer de la Diputació gelegenen Atelier Vidal. Das schlichte, neogotische Bauwerk, das durch säulenverzierte Kranzgesimse und zwei große lanzettbogenförmige Maueröffnungen mit Ziergiebeln und Fialen seinen besonderen Charakter erhielt, beherbergte die Werkstätten des wichtigen Innenarchitekten und Möbelhändlers Francesc Vidal. Das Bauwerk im französischen Stil wurde zum Symbol der Wiederbelebung der dekorativen Künste und läutete eine neue künstlerische Epoche ein.

Die Architektur Vilasecas und seiner Freunde orientierte sich vornehmlich am Werk Viollet-le-Ducs, insbesondere an der außergewöhnlichen Grabstätte des Grafen von Morny auf dem Friedhof Père-Lachaise in Paris und an seinen neuen Ideen über die Dekoration. Weiterhin inspirierten ihn Arbeiten von Victor Ruprich-Robert, dessen Vorlesungen an der Ecole de Dessin de la Ville de Paris zwischen 1866 und 1876 unter dem Titel *Flore Ornamentale* erschienen waren, und von Emile Boeswillwald, der zwischen 1864 und 1865 die königliche Kapelle in Biarritz erbaut hatte. Den katalanischen Architekten war möglicherweise das Schloß Pierrefonds oder der Dekor der Chorkapelle von Notre-Dame de Paris nicht bekannt, sie konnten allerdings mühelos Carcassonne, Saint-Sernin in Toulouse oder auch die Schlösser Roquetaillade oder Abbadia an der Atlantikküste erreichen, deren Mobiliar und Dekor zu den größten Leistungen Viollet-le-Ducs zählten. Die geographische Nähe dieser Kunstwerke spielte bei der Entwicklung der katalanischen Architektur ab 1880 eine nicht zu unterschätzende Rolle.

Vilaseca war der Begründer der Erneuerung dieser dekorativen Kunst in Barcelona.[5] Zwischen 1883 und 1885 konzipierte er für einen Regenschirmfabrikanten den Umbau des in der Boqueira an der Rambla gelegenen Wohnhauses Bruno Quadros. Mit diesem Bauwerk schuf Vilaseca ein überzeugendes Beispiel für die moderne dekorative Kunst. Er schmückte die Fassade so geschickt mit einem japanisierenden Dekor aus bunten Sonnenschirmen, daß die regelmäßige Verteilung der Maueröffnungen zugunsten der Farben und der Anordnung der orientalischen Ornamentik in den Hintergrund trat. Auch mit seinem im Parc Ciutadella am Eingang der Weltausstellung von 1885 gelegenen polychromen Triumphbogen bewies der Architekt sein außerordentliches künstlerisches Talent.

Zum gleichen Zeitpunkt wurde nach Plänen von Josep Fontserè i Mestres das Schattenhaus (Umbracle) im Parc Ciutadella errichtet. Das Haupt- und die Seitenschiffe dieses riesigen Glashauses gehören zu den schönsten Innenräumen, die im 19. Jahrhundert entstanden sind. Der Triumphbogen der nahegelegenen, ebenfalls von Fontserè zwischen 1875 und 1881 erbauten Kaskade lehnte sich in seiner Gestaltung an das Formvokabular des Palais Longchamps des Architekten Espérandieu in Marseille an. Die harmonisch in die Umgebung eingefügte Kaskade distanzierte sich von der strengen akademischen Tradition und setzte sich über gültige stilistische Konventionen hinweg. Der große Justizpalast von Josep Domènech i Estapa und Enric Sagnier[6] gehört ebenfalls zu den Bauwerken, die den Richtungswechsel in Barcelona repräsentieren. Er mag zwar eher einem konventionellen Ausdruck verhaftet scheinen als das Café-Restaurant der Weltausstellung (von Lluís Domènech i Montaner ursprünglich für die Weltausstellung konzipiert, um später Ausstellungsort für herausragende Beispiele der modernen dekorativen Kunst in Katalonien zu werden), bringt aber ebenso stark wie dieses das Verlangen zum Ausdruck, nach jahrhundertelanger Herrschaft des Klassizismus eine neue Formensprache zu schaffen.

Der Gründer der Architekturschule Barcelonas, Elies Rogent i

Josep Domènech i Estapà
(Sammlung Enric Sagnier i Villavecchia)
Palau de la Justícia
Barcelona, 1887–1898
Kuppel und Belvedere

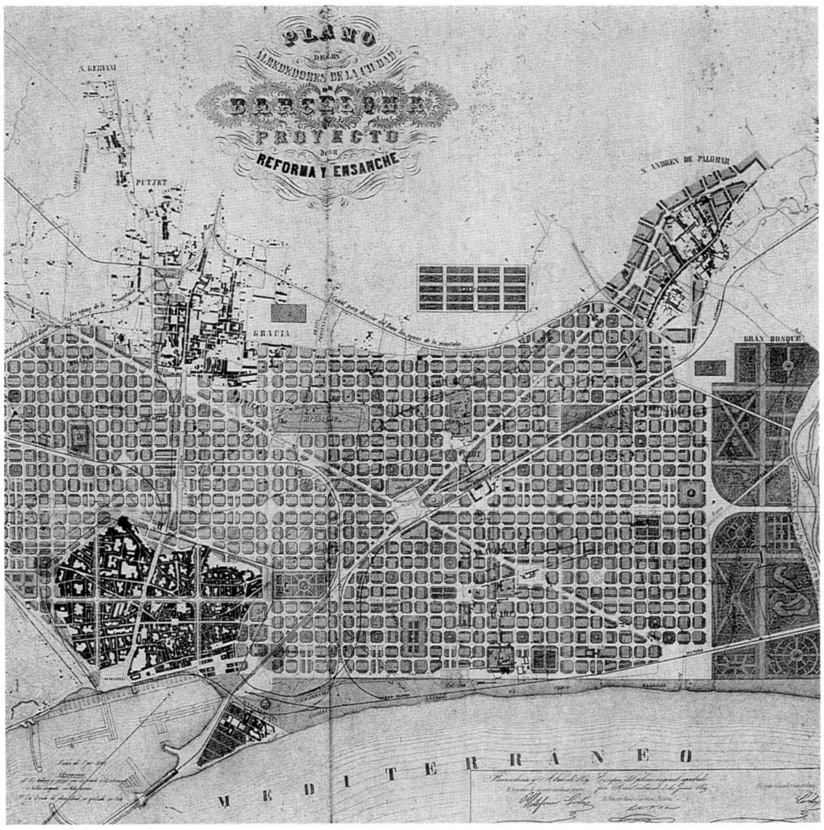

Ildefons Cerdà i Sunyer
Eixample
Barcelona, 1859
Plan zur Erweiterung der Stadt

Amat, verkörperte diesen Drang nach Veränderung in ganz besonderem Maße.[7] Die ersten Architekturvorlesungen in Barcelona wurden 1817 von Antoni Cellers an der Escola de la Llotja gehalten, wobei der Unterricht allerdings weitgehend unter der Kontrolle der Academia de San Fernando in Madrid blieb. Im Jahre 1844 schüttelte die Schule diese Vormundschaft teilweise ab und wurde im Jahre 1850 zur „Escola de Mestres d'Obres", die innerhalb der Akademie der Schönen Künste der Provinz autonom blieb. Dozenten der Schule waren der Architekt der Diözese Francesc de Paula del Villar i Lonzano, Elies Rogent (Dozent für Kompositionslehre) und Joan Torras (Dozent für Konstruktionslehre). Im Jahre 1870 wandelte sich die Einrichtung zur Architekturschule Barcelonas, und der Lehrkörper wurde um eine Reihe neuer Dozenten (Leandre Serrallach i Mas, August Font i Carreras, Antoni Rovira i Rabassa) und um zwei Assistenten (Lluís Domènech und Josep Vilaseca) erweitert. Domènech und Vilaseca hatten im Jahre 1873 ihr Diplom erlangt und waren anschließend zu einer Europareise aufgebrochen, von der sie kurz vor ihrer Nominierung zurückkehrten. Dieser neu gebildete Lehrkörper machte es sich zur Aufgabe, eine eindeutig moderne Ausbildung zu vermitteln.

Der neue Direktor Elies Rogent war fest entschlossen, die künstlerische Ausbildung der Architekten durch die Vermittlung solider Grundkenntnisse in den Bereichen Wissenschaft und Technik zu ergänzen. Darüber hinaus aber hielt er, ganz im Sinne Viollet-le-Ducs, eine Ausbildung im Fach Geschichte für notwendig, und sei es nur, um den damals so weit verbreiteten Auswüchsen des Historismus entgegenzuwirken. So schrieb er: „Jedermann weiß, daß Zweifel und Unsicherheiten uns daran hindern, den Pfaden der Überlieferung zu folgen (mittelalterliche, traditionelle, nationale und christliche Architektur). Ist daher die Rückkehr zur Vergangenheit nicht möglich, sind wir wohl oder übel zum Eklektizismus verdammt, das heißt zum steten Herumirren auf der Suche nach dem noch Unbekannten."[8] Diese Erkenntnis, die auch von César Daly stammen könnte, diente freilich bloß als Vorwand, die Modernität zum Prinzip zu erheben. So erklärte Rogent bereits bei Gründung der Architekturschule den *Dictionnaire raisonné de l'Architec-*

ture française zur Pflichtlektüre der Studenten und widmete einen bedeutenden Teil seiner Theorievorlesungen den Konzeptionen Viollet-le-Ducs. Es wird klar, daß es sich bei Elies Rogents Auseinandersetzung mit der Geschichte keineswegs um einen Rückschritt in die Vergangenheit handelte, sondern um ein Mittel, diese zu überwinden. Er wollte bestehende Motive umgestalten, um so neue, den Bedürfnissen der modernen Zeit entsprechende Formen zu finden. Seine Absicht war, das Gedankengut der *Entretiens sur l'Architecture*[9] zu verbreiten, und dies ist ihm – wenn auch weniger durch eigenes architektonisches Schaffen als durch seinen Einfluß auf die heranwachsende Architektengeneration – fraglos gelungen.

Die beim Architekturwettbewerb zum Bau der Kathedrale von Barcelona im Jahre 1882 eingetretenen Vorfälle machten die Opposition der *Modernista-Architekten* gegen jeglichen auch noch so originalgetreuen Historizismus überdeutlich. Eine Petition zirkulierte in den Architektenkreisen Kataloniens, mit der die Ausführung des Entwurfs Joan Martorell i Montells verlangt wurde. Die Unterzeichnenden kritisierten damit die Wahl des Jurorenkomitees, das den Entwurf von Josep Oriol Mestres i Esplugas und August Font i Carreras bevorzugt hatte. Ihr Entwurf sah eine im Geist und Stil des 14. Jahrhunderts gehaltene Kathedrale mit einer großartigen durchbrochenen Turmspitze vor, die ein ungeübtes Auge für authentisch hätte halten sollen. Joan Martorells Wettbewerbsbeitrag hingegen hielt an einer traditionellen Gestaltung des unteren Baukörpers fest und sah eine weitaus schlankere, auf einem offenen Belfried angebrachte Turmspitze vor.

Sein Entwurf bezog sich weniger reproduktiv als eher imaginativ auf historische Vorbilder und erinnerte sowohl an die Türme des Straßburger Münsters und des Kölner Doms als auch die großen romantischen Entwürfe Schinkels. So gelang ihm eine überzeugendere Evokation des Mittelalters, als eine getreue Wiedergabe dies hätte leisten können. Man ist nicht überrascht zu erfahren, daß der Zeichner (und auch sein bester Mitarbeiter) Antoni Gaudí hieß.[10] Gaudí war ebensowenig an einer detailgetreuen Wiedergabe historischer Beispiele interessiert, sondern suchte nach einer Neubelebung der mittelalterlichen Kunst. Das Bauprojekt der Sagrada Família, das er ab 1883 als Nachfolger des neogotisch inspirierten Architekten Paula del Villar übernommen hatte, sollte zeigen, wie weit er diese Wiederauferstehung der untergegangenen Kultur führen wollte.

Diese freie Interpretation der gotischen Tradition, die am Anfang des modernen architektonischen Schaffens steht, wird in mehreren Werken Joan Martorells sichtbar. Ihm gelang es in höherem Maße als Paula del Villar i Lonzano, den Geist der französischen Vorbilder den katalanischen Gegebenheiten anzupassen. In ihrer geometrischen Strenge und der Verteilung ihrer Volumen lehnt sich seine Kirche Les Saleses (1882–1885) zwar deutlich an Emile Vaudremer und Saint-Pierre de Montrouge in Paris an, transformiert jedoch deren Vokabular und integriert es im Sinne von Viollet-le-Duc in eine weit dichtere Sprache und spielerischere Ornamentik. Backsteindekor und Parabelbögen erinnern an die königliche Kapelle in Biarritz und an die Details der Bekrönung von Saint-Sernin in Toulouse.[11] Die katalanischen Architekten standen so sehr unter dem Einfluß des französischen Rationalismus, daß Gaudí die Pariser Kirche Saint-Eugène von Louis-Auguste Boileau (1854) wie

Josep Fontserè i Mestres
Kaskade
Parc de la Ciutadella
Barcelona, 1875–1881
Mittelteil

selbstverständlich als Vorbild zum Entwurf seiner Kapelle für die 1878 gebaute Schule „Jesus und Maria" in Tarragona nahm.[12] Diese moderne Version der Pariser Sainte-Chapelle mit ihren drei Schiffen und ihren gußeisernen Säulen wurde zum Musterbeispiel für die Interpretation der Gotik im Maschinenzeitalter (obgleich Viollet-le-Duc sich etwas abfällig über das Projekt geäußert hatte!).

Auch die von Viollet-le-Duc gewünschte und von seinen Schülern, insbesondere von Léopold Hardy, vorbereitete Weltausstellung in Paris im Jahre 1878 erschien als anschauliche Demonstration des neuen architektonischen Ansatzes. Jenseits aller theoretischen Auseinandersetzungen zwischen den Anhängern der klassischen und der gotischen Richtung der vorangegangenen Generation, selbst jenseits der Kritik am Eklektizismus und an seinem Unvermögen, einen dem Jahrhundert angemessenen Stil zu finden, schien die großzügige Verwendung von Glas, Eisen und Backstein beim Bau der Ausstellungspavillons die so sehnlich erhoffte Antwort auf die seit der Weltausstellung 1851 in London gestellte Frage nach einer neuen Kunst zu sein. Dieses von Joseph Antoine Bouvard, Paul Sédille und Gabriel Davioud mit schillernden Farben und sinnlichen Werkstoffen, mit Mauerziegeln und Mosaik verkleidete Paris war schlichtweg faszinierend. Die Pariser Weltausstellung öffnete neue Horizonte und stand bei den ersten Werken des katalanischen Jugendstils – beispielsweise dem Editorial Montaner von Domènech aus dem Jahre 1881 oder der Casa Vicens von Gaudí (1883) – Pate.

Josep Fontserè i Mestres
Gewächshaus (Umbracle)
Parc de la Ciutadella
Barcelona, 1883 (Entwurf), 1887–1888 (Ausführung)
Innenansicht

Der Hinweis auf den „Modernisme" als Ablehnung der klassischen akademischen Tradition allein reicht jedoch nicht aus, um die erstaunliche Vielfalt des künstlerischen Schaffens der 80er Jahre zu erklären. In dieser Epoche tiefgreifender Veränderungen waren die künstlerischen Ansätze recht unterschiedlich, zuweilen gar gegensätzlich. So blieben Domènech und Vilaseca der von Viollet-le-Duc und seinen Schülern vertretenen neogotischen Tradition treu, während Gaudí mit seiner für den Palau Güell entworfenen, weitaus strengeren Architektursprache völlig von dieser Konzeption abwich. Hier mischten sich eine verhaltene Interpretation historischer Vorbilder mit der Entschlossenheit, sich weder von historischen Referenzen noch von der Anmut des Dekors einengen zu lassen. Das Bauwerk konnte schließlich nur als Beispiel für den Bruch mit der Strömung seiner Zeit verstanden werden. Im Gegensatz hierzu zeigte das von Josep Puig i Cadafalch im Jahre 1895 konzipierte Café *Els Quatre Gats* die Wende hin zu einer leidenschaftlichen und reichen Ornamentik, die ihrerseits selbst einen neuen Stil hervorbrachte, den die Kunstgeschichte wenig später als „Jugendstil" bezeichnen sollte. Puig i Cadafalch allerdings wollte nichts weiter als eine regionale Tradition wiederbeleben, die der akademische Stil beinahe erstickt hatte. Im letzten Viertel des Jahrhunderts wurde der bislang latente Gegensatz zwischen einer dem Rationalismus verpflichteten Architektur und der dem Dekor ergebenen Baukunst nur allzu offensichtlich. Die Architekten machten sich diesen Gegensatz kreativ zunutze, indem sie die Struktur und die Verkleidung, das Skelett und dessen Dekoration einander gegenüberstellten. Der Gegensatz zwischen den beiden verschiedenen formalen Ansätzen war nun allerdings so groß, daß keine Synthese mehr möglich schien. Dennoch machte es sich der Jugendstil zur Aufgabe, diesen Gegensatz zu überwinden.

Hommage an den Vater der modernen Architektur

Der Palau Güell, den Antoni Gaudí am Carrer Nou de la Rambla in Barcelona zwischen 1886 und 1889 für Don Eusebi Güell entwarf, kann als Meditation über die mittelalterliche Architektur bezeichnet werden. Don Eusebi Güell war ein reicher Industrieller, dessen Familie in den 30er Jahren in Kuba im Textilhandel ein Vermögen verdient hatte. Güell entwickelte durch seine Kontakte über die Grenzen Spaniens hinaus ein starkes Interesse an der Arts-and-Crafts-Bewegung und wurde zum Förderer Gaudís.

Der in einer engen Straße, auf einem schmalen Bauplatz gelegene Stadtpalast überzeugt durch seine strenge, zurückhaltende Fassade aus Werkstein ohne jegliche skulpturale Ausschmückung. Die flächige Wirkung der Fassade wird hier durch Vorsprünge aufgebrochen, die Wand verdoppelt sich visuell durch versetzte Säulen und einen vorkragenden geschlossenen Balkon. Die Idee greift auf Viollet-le-Ducs *Dictionnaire raisonné de l'Architecture française* zurück, in dem unter dem Stichwort „Konstruktion" ein ähnlicher, wenn auch bescheidenerer Aufriß eines mittelalterlichen Hauses in Cluny und eine recht hypothetische Rekonstruktion einer mittelalterlichen Galerie vorgestellt werden. Gaudí folgte dem von Viollet-le-Duc vorgezeichneten Weg und entwickelte, dem Meister ähnlich, eine auf historischen Vorbildern basierende und dennoch neue Architektursprache.

Antoni Gaudí
Palau Güell
Fassade zum Carrer Nou de la Rambla
Barcelona, 1886–1889

OBEN:
Aufriß
LINKS:
Portale
GEGENÜBERLIEGENDE SEITE:
Fassadenausschnitt

GANZ LINKS:
Eugène Viollet-le-Duc
Dictionnaire raisonné ..., 1854–1868
Palais de Justice in Paris
Verbindungsgang aus dem
13. Jahrhundert

LINKS:
Eugène Viollet-le-Duc
Dictionnaire raisonné ..., 1854–1868
Mittelalterliches Haus in Cluny aus dem 12./13. Jahrhundert
Aufriß der Innenfassade

Gegenüberliegende Seite Unten:
Antoni Gaudí
Palau Güell
Barcelona, 1886–1889
Fenster der Loggia

Antoni Gaudí
Palau Güell
Barcelona, 1886–1889
Salon auf der ersten Etage, Loggia

Oben:
Ansicht der Arkaden
Rechts:
Blick an die Decke der Loggia

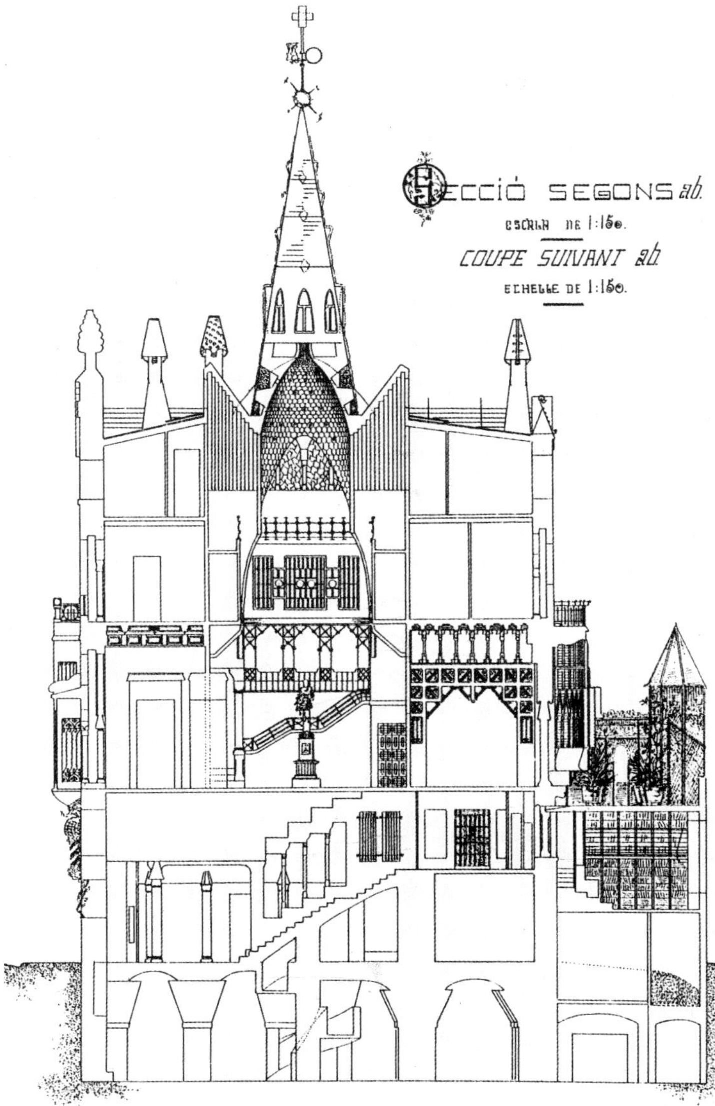

Die Gestaltung der Innenräume folgt dem gleichen Prinzip. Die palladianisch anmutende, mehrgeschossige Zentralhalle überrascht im Vokabular eines der Neogotik verpflichteten Architekten. Auch Viollet-le-Duc stellte im 19. Band seiner *Entretiens sur l'Architecture* in Anlehnung an das Schloß von Warkworth ein Landhaus im englischen Stil vor, dessen Räume um eine große zentrale Halle herum angeordnet sind, die die Treppe einschloß und von einer Laterne bekrönt wurde. Der französische Theoretiker lobte die kompakte Raumaufteilung und die Zweckmäßigkeit der Erschließung, die den zentralen Lichthof umgibt. Das ungewöhnliche Vestibül des Palau Güell war die Umsetzung eines Modells, das bereits der Meister der französischen Neogotik vorgestellt hatte. Gaudí paßte diese Vorlage dem mediterranen Kulturraum an, indem er dekorative Elemente des Mirador de la Reina (1362) und der Alhambra in Granada integrierte.

Auch fügte er seinem Projekt zwei höchst ungewöhnliche Räume an: zum einen die Pferdeställe im Untergeschoß, deren Belüftungssystem, flache Gewölbe und gedrungene Ziegelsäulen eindeutig auf eine intensive Lektüre des Stichwortes „Konstruktion" im *Dictionnaire raisonné de l'Architecture française* schließen lassen, und zum anderen das Dachgeschoß. Das kuppelförmige Oberlicht und die vom Mittelalter inspirierten Ventilationskamine bilden eine skurril-skulpturale Dachlandschaft und sind ein früher Hinweis auf Gaudís Hang zur Mystik (sie verweisen auf Golgatha), die für das spätere Schaffen des Architekten prägend sein sollte.

Diese historisch inspirierte Modernität – um einen in sich widersprüchlichen Begriff zu gebrauchen – wird auch am Bischofspalast von Astorga und im Col·legi de les Teresianes in Barcelona deutlich. Hier zeigt sich Gaudí von den Küchenbauten und der Krankenstation der Abtei Sainte-Marie de Breteuil beeinflußt (erneut in Anlehnung an den *Dictionnaire raisonné de l'Architecture française*). Er übernahm den quaderförmigen Baukörper und die symmetrische Aufteilung entlang einer Kolonnade, wandelte aber die Beleuchtung der im Inneren gelegenen Räume ab, indem er – ähnlich wie im Palau Güell – indirektes Licht eindringen ließ. Im Laufe seiner Tätigkeit entfernte sich Gaudí zunehmend von der historischen Vorlage und wandte sich der künstlerischen Wirkung der aus Ziegelsteinen gemauerten parabolischen Bögen zu, die eine Ableitung des gotischen Gewölbes darstellen. Die Lektüre der *Entretiens sur l'Architecture* war nur der Ausgangspunkt für die Befreiung seiner plastischen Architektursprache, in der fortan kein wörtliches Zitat mehr zu finden ist.

Antoni Gaudí
Palau Güell
Barcelona, 1886–1889

Gegenüberliegende Seite oben:
Querschnitt

Salon auf der ersten Etage
Gegenüberliegende Seite unten:
Deckenausschnitt
Rechts und unten:
Blick in die Kuppel des großen Salons

Antoni Gaudí
Col·legi de les Teresianes
Barcelona, 1889–1894
Ansicht von Südosten

Gegenüberliegende Seite
Oben links und unten:
Gesamtansicht und Fenster
Gegenüberliegende Seite
Oben rechts:
Querschnitt
Oben:
Galerie auf der ersten Etage

Der konstruktive Rationalismus

Nicht alle katalanischen Architekten zeigten ähnlich große Begeisterung für den konstruktiven Rationalismus wie Gaudí zu Beginn seiner künstlerischen Laufbahn. Viele begnügten sich mit der architektonischen Gestaltung der Fassade, da diese einen ausdrucksstarken, dekorativen Dialog zwischen Mauerwerk und lebendig gestalteter Fläche, zwischen Rahmen und Ausfachung, zwischen Skelett und Füllung erlaubte. Die Wand war nicht weiter nur monotones Mauerwerk, sie ließ Pfeiler, Säulen und Bögen im Wechsel aufeinander folgen, kontrastierte Tür- und Fensterrahmen mit zurückgesetzten Ausfachungen in rein spielerischer Manier. In erster Linie spürt man die Freude am Baustoff, an der Gegenüberstellung von Backstein und Werkstein, am Kontrast von Bruchstein und Fliese oder Verputz. Graphisches Raster und mehrfarbige Ornamente bilden Details, die mit den langen Schlagschatten des tragenden Skeletts kontrastieren. Dieser hochentwickelte formale Rationalismus übt sich in architektonischer Kalligraphie, zeigt seine Nähe zum Stil der Dritten Republik, der sich jenseits der Pyrenäen beim Bau von Krankenhäusern und Schulen großer Beliebtheit erfreute. Beiden Sprachen ist die tiefe Verehrung für das Gedankengut Viollet-le-Ducs und seiner Anhänger gemeinsam.

Camil Oliveras i Gensana
Casa Provincial de Maternitat
Barcelona, 1889–1898
Ave-Maria-Pavillon, Ansicht von Nordosten

Gegenüberliegende Seite oben:
Blick auf das Portal
Gegenüberliegende Seite unten:
Fenster

Rechts und unten:
Lluís Domènech i Montaner
Institut Pere Mata
Reus, 1897–1919
Pavillon des Ehrengastes, Westfassade
Gesamtansicht und Ausschnitt

Lluís Domènech i Montaner
Institut Pere Mata
Reus, 1897–1919
Pavillon des Ehrengastes, Westfassade

GEGENÜBERLIEGENDE SEITE OBEN:
Dekor des Seitengiebels
RECHTS, GEGENÜBERLIEGENDE SEITE
MITTE UND UNTEN:
Fenster und Portal

UNTEN:
Pavillon des Ehrengastes, Ostfassade
Erker der Hauptgalerie

Geschichte und Regionalismus

Zunächst lenkte die Beschäftigung mit der eigenen Geschichte das Augenmerk auf ein vernachlässigtes kulturelles Erbe, auf historische Abteien und Schlösser, die von den ökonomischen und sozialen Veränderungen bedroht waren. Bald jedoch wurde die Geschichte als Leitbild bei der Herausbildung einer nationalen und regionalen Identität verstanden, die besonderen Wert auf das Streben nach kultureller Identität legte. Eine ganze Generation lehnte sich an historische Vorbilder an und brachte auf diese Weise ihre politischen Anliegen zum Ausdruck. Sie wählte unterschiedliche Aspekte des kulturellen Erbes, um Unterschiede in ihrer politischen und ideologischen Orientierungen zu manifestieren.

So wundert es nicht, daß auch in Katalonien, der in wirtschaftlicher und politischer Hinsicht am weitesten entwickelten Provinz Spaniens, der archäologische Ansatz eine herausragende Rolle spielte. Seinen Höhepunkt fand er gegen 1875, dem Jahr der Restauration von König Alfons XII. und der aufkeimenden katalanischen Autonomiebestrebungen. Der geistige Vater dieses Strebens nach kultureller Identität war der bekannte Archäologe Josep Puig i Cadafalch, der zu den Gründern des katalanischen Jugendstils zählte und der später der Vertreter seiner Provinz in der Mancomunitat (der autonomen Verwaltung Kataloniens) wurde, der er zwischen 1917 und 1923 als Präsident vorstand. Puig i Cadafalch gehörte zur künstlerischen Avantgarde Barcelonas und war der bevorzugte Architekt der wirtschaftlichen Elite der Stadt. Ihm ist unter anderem das Strukturverbesserungsprojekt auf dem Montjuïc-Hügel zu verdanken, der als Gelände für die Ausstellung der Elektroindustrie vorgesehen war. Puig wollte die Entwicklung Kataloniens in die Entwicklung Spaniens eingebettet sehen und wandte sich deshalb vehement gegen die Autonomie der Provinz. Diese politische Haltung verurteilte ihn unter der Diktatur des Generals Primo de Riveras zu einem politischen Schattendasein; die Zeit des Bürgerkriegs verbrachte er im Exil. Erst 1941 kehrte er nach Katalonien zurück, um sich dort einer gründlichen Studie der Kunst der Westgoten und der Überreste ihrer Kultur zu widmen. Die Ergebnisse dieser Untersuchungen erschienen nach seinem Tod im Jahre 1961 unter dem Titel *L'Art wisigothique et ses Survivances.*

Josep Puig i Cadafalch
Casa Coll i Regàs
Mataró, 1897–1898
Fassade zum Carrer d'Argentona

Gegenüberliegende Seite oben:
Aufriß
Gegenüberliegende Seite unten:
Giebel über dem Hauptportal
Rechts:
Fenstergiebel
Unten:
Treppengiebel über der Mitte der Fassade

Josep Puig i Cadafalch
Casa Amatller
Barcelona, 1898–1900
Fassade zum Passeig de Gràcia

OBEN:
Fenster der ersten Etage
LINKS:
Portal und Einfahrt
GEGENÜBERLIEGENDE SEITE OBEN:
Fenster der zweiten Etage
GEGENÜBERLIEGENDE SEITE UNTEN:
Aufriß

Seine künstlerische Ausrichtung war ähnlich wechselhaft wie seine politischen Anschauungen (er schwankte zwischen Zentralismus und Autonomismus). Er war begeisterter Anhänger der Gotik, bevorzugte jedoch eindeutig die strahlende Epoche der katholischen Könige gegen Ende des 15. Jahrhunderts, das auch die Zeit der nationalen Vereinigung war. Seine Auseinandersetzung mit der romanischen Kunst führte ihn zur Kultur des Westgotenreiches, das im mittelalterlichen Spanien die Zentralmacht war. Auf diese Weise konnte er sowohl Regionalist als auch Zentralist sein. Ein Vergleich zwischen seinem Werk (das eine Vorliebe für die Spätgotik offenbart) und dem Werke Gaudís, das sich an katalanischen, strengen, monumentalen Stilelementen und am 13. und 14. Jahrhundert orientierte, zeigt den grundlegenden Unterschied zwischen der autonomistischen und regionalistischen Strömung innerhalb der künstlerischen Avantgarde Barcelonas. Die unterschiedliche Ästhetik ist Ausdruck eines politischen und sozialen Bruchs zwischen dem katholisch-traditionalistischen Milieu (dem sich Gaudí zugehörig fühlte) und der Bourgeoisie. Jeder wählte die Kunst, die ihm am ehesten entsprach. Die stolze Gestik der katalanischen Architektur ergänzt der Liebreiz einer eher bürgerlichen Gotik, die auch flämische und deutsche Vorbilder verarbeitete.

Gegenüberliegende Seite:
Josep Puig i Cadafalch
Casa Coll i Regàs
Mataró, 1897–1898
Fenster im Erdgeschoß
Skulpturen von Eusebi Arnau i Mascort,
Schmiedeeisernes Gitter von Manuel Ballarín
und Esteve Andorrà

Oben:
Josep Puig i Cadafalch
Casa Amatller
Barcelona, 1898–1900
Detail des Portals und der Einfahrt
Skulpturen von Eusebi Arnau i Mascort,
Ornamente von Alfons Juyol

Die Sprache der urbanen Landschaft

An den luxuriösen Boulevards der Stadt herrschaftliche Stadthäuser zu bauen, die sich nach außen hin als schlichte Bürgerhäuser geben, war schon ein recht schwieriges Unterfangen. Aber Mietshäuser im Stadtteil *Eixample* zu errichten, war eine weitaus größere Herausforderung. Dieser schwierigen Aufgabe sollte sich der hochtalentierte Puig i Cadafalch stellen. Der die Eixample bestimmenden, den Haussmannschen Prinzipien verpflichteten traditionellen Architektur mit ihren Gesimsen und Kranzgesimsen setzte er eine Architektursprache entgegen, die auf der Betonung der Vertikalen und der Silhouette basiert, deren Stakkato an den mittelalterlichen Baustil erinnert. Die Herausforderung hierbei lag in der Gestaltung der Häuserfront, denn gelingt es nicht, die durch die innere Erschließung bestimmte Straßenfassade der einzelnen Mietshäuser aufeinander abzustimmen, entsteht ein unausgewogener Gesamteindruck. Darüber hinaus sollte die moderne Funktion des Gebäudes im Vokabular eines an historischen Vorbildern orientierten Stils ausgedrückt werden (wie auch im Falle der Amsterdamer Börse, wo die Giebel die innere räumliche Aufteilung in Büros widerspiegeln).

Die Originalität dieser Architektursprache rief in Katalonien sehr heftige Kritik hervor. Unter dem Titel „Propagandisten des Hasses: Seperatismus und Architektur" publizierte der Chefredakteur der Zeitung *El Progreso*, Alejandro Lerroux, am 10. November 1907 einen bissigen Artikel, in dem er den Architekten des „Verbrechens wider die Einheit der Nation" beschuldigte. Im besonderen wandte er sich gegen die im Giebel der Casa Terrades angebrachte Darstellung des heiligen Georg, die die Inschrift „Schutzheiliger Kataloniens, gib uns unsere Freiheit zurück" trug. Diese rein politisch motivierten Vorwürfe stellen Puigs architektonische Leistung allerdings keineswegs in Frage, denn mit diesem Bauwerk (auch „Casa de les Punxes" genannt) hat der Architekt ein Werk geschaffen, das mittelalterliche Stilelemente und Wohnbedürfnisse der Jahrhundertwende geschickt zu vereinbaren wußte. In dieser gelungenen Verbindung von Funktionalität und historischer Referenz zeigt sich das Erbe der französischen Rationalisten in meisterhafter Form.

Josep Puig i Cadafalch
Casa Terrades, genannt
„Casa de les Punxes“
Barcelona, 1903–1905
Fassade zur Avinguda Diagonal

GEGENÜBERLIEGENDE SEITE OBEN:
Perspektivische Ansicht
GEGENÜBERLIEGENDE SEITE UNTEN:
Portal
RECHTS UND UNTEN:
Ausschnitt eines Erkers

Oben, Links und
Gegenüberliegende Seite:
Josep Puig i Cadafalch
Casa Terrades, genannt
„Casa de les Punxes“
Barcelona, 1903–1905
Fassade zur Avinguda Diagonal
Keramikdekor an den Giebeln

3

Der Jugendstil

Gab es überhaupt einen Jugendstil in Barcelona? Diese Frage ist um so berechtigter, als katalanische Kunsthistoriker die zu Ende des letzten Jahrhunderts aufkommenden künstlerischen Tendenzen und die Strömungen der ersten drei Jahrzehnte unseres Jahrhunderts gleichermaßen unter demselben Begriff – dem des „Modernisme“– subsumieren. Man könnte mit Recht die unterschiedlichen (und zuweilen recht gegensätzlichen) künstlerischen Strömungen in ihrer Aufeinanderfolge innerhalb dieses langen Zeitraumes, der von der Restauration des Königs Alfons XII. im Jahre 1875 bis zum Ausbruch des Spanischen Bürgerkrieges im Jahre 1936 reicht, als weniger bedeutend ansehen als das alles umfassende, gemeinsame Anliegen der damaligen Avantgarde, das in der Abkehr von der Vergangenheit und der Entwicklung eines neuen, den Erfordernissen jener Epoche angemessenen Vokabulars bestand.

Man kann allerdings auch, so wie es seit einigen Jahren üblich ist[1], die Entwicklung der unterschiedlichen, die internationalen Bewegungen reflektierenden Tendenzen hervorheben, die jeweils eigene Wertvorstellungen, eigene Bezugssysteme und Zielrichtungen hatten und sich einer reduktionistischen Unterordnung unter diesen einen Begriff entziehen. Denn die damalige Kunst, deren Hauptanliegen die Abgrenzung gegen die vom Klassizismus weitergegebene akademische Tradition war, zeichnete sich durch nuancierte, mannigfaltige Positionen aus, so daß sich von einer Generation zur nächsten die künstlerischen Inhalte und Leitbilder nicht selten drastisch veränderten. Die analytische Methodik der französischen Architekten der 80er Jahre des letzten Jahrhunderts stand dem Wunsch nach künstlerischer Einheit, die der Jugendstil alsbald geltend machen sollte, entgegen. Dessen Leidenschaft für das Dekorative wiederum hat kaum etwas gemein mit der formalen Strenge moderner Ansätze des 20. Jahrhunderts (die in der Regel, enger gefaßt, als Moderne bezeichnet werden).

Die Entwicklung, die sich gegen Ende der 80er Jahre abzeichnete (und die kurze Zeit später zur Anerkennung des Jugendstils führen sollte), beruhte auf einer Verquickung von Nationalismus und Regionalismus einerseits und Regionalismus und Kunsthandwerk andererseits. Angesichts der herrschenden Zwänge der klassischen Tradition wollte die neue Epoche nichts dringlicher als schöpferische Freiheit. Schon allein aufgrund dieses besonderen Anspruchs auf Freiheit konnte der Jugendstil nie eine einheitliche Bewegung darstellen, obgleich er dies oftmals versuchte. Sein Leitmotiv war die Befreiung der individuellen Schaffenskraft, die Fülle des persönlichen Ausdrucks. Jedes Werk sollte originell und unvergleichlich sein, Ausdruck einer kunstvollen Verschmelzung gegensätzlicher Elemente. Die Architekten schienen der Einzigartigkeit des künstlerischen Schaffens größere Bedeutung beizumessen als dem Respekt vor den Normen, die über einen langen Zeitraum hinweg Gültigkeit besessen hatten.

Daß individuelle Freiheit und Freiheit der Kunst eng zusammenhängen, ist hinlänglich bekannt und seit langem dokumentiert. Doch so, wie die persönliche Freiheit der Bürger schließlich den Anspruch auf das Selbstbestimmungsrecht der Völker hervorbringt, so wird auch die Kunst nicht mehr allein nur Ausdruck der Persönlichkeit des Künstlers bleiben, sondern auch die Seele des Volkes reflektieren. Und so wurde die Kunst Kataloniens alsbald Schauplatz der Auseinandersetzungen, die unvermeidlich zwischen dem legitimen Ausdruck der Individualität und dem der Gruppe innewohnenden Zwang zum Konsens entstehen: Anarchie oder Totalitarismus? Diese Frage steht im Mittelpunkt der Debatte über den Jugendstil, der ja als spontaner Ausdruck eines von jeglichen Fesseln befreiten Schaffens und gleichzeitig verzweifelter Versuch, eine formale Übereinstimmung zwischen den so offensichtlich divergierenden Ausdrucksweisen zu erzielen, interpretiert werden kann.

Die Ambiguität dieser Auseinandersetzung in der damaligen Kunst wird in ihrer verschwommenen Auffassung über die Beziehung von Nationalismus und Regionalismus deutlich. Um erneut auf den Wortführer der damaligen künstlerischen Avantgarde, Viollet-le-Duc, zurückzukommen: „Mir wäre es recht, wenn die Kunst kein Vaterland hätte, aber jeder künstlerische Ausdruck muß kulturell verwurzelt sein und wird erst dadurch überhaupt zur Kunst.“[2] Die Debatte über Nationalismus und Internationalismus[3] war damit zwar eröffnet, aber auch weiterhin entstanden regionale kulturelle Ausdrucksformen, die zuweilen bewußt im Widerspruch zu nationalen Tendenzen standen. Lehnt eine Epoche eine vorgeschriebene künstlerische Norm ab, wird die Grenzziehung zwischen Kulturräumen zum hoffnungslosen Unterfangen und ist ein ungleich wichtigeres Streitobjekt als der bloße künstlerische Ausdruck, da das Selbstbild der Gruppe und ihr Bild nach außen davon abhängt.

Auch der in der katalanischen Tradition zentrale Begriff des „Regionalismus“ unterlag diesem Widerspruch, denn die Provinz als Ganze stand im Widerspruch zur Zentralmacht Madrid. Der katalanische Politiker Duran i Bas hob zum erstenmal in einem 1855 unter dem Titel „Catalanismo no es provincialismo“ erschienenen Aufsatz die Besonderheit seiner Region hervor und schuf so einen Ausgangspunkt für den politischen Regionalismus in Katalonien. Die Wiedereinführung der *Jocs Florals* (poetische Blumenwettspiele) im Jahre 1859 knüpfte an eine mittelalterliche Tradition an und machte deutlich, daß man sich der Existenz einer katalanischen Individualität innerhalb des spanischen Kulturraumes bewußt wurde.[4] Konkreter, symbolischer Ausdruck dieses Anspruchs war das anläßlich der Weltausstellung von 1888 von Domènech i Montaner konzipierte Café-Restaurant. Von dem Amerikaner Frank Furness[5] beeinflußt, war die Architektursprache des Bauwerkes zwar noch neogotisch und die Konstruktion rationalistisch, aber hinter der Silhouette des viertürmigen Kastells mit seinen mit Schilden aus Majolika verzierten Zinnen erschien eine eigenständige katalanische Kultur, die auf authentische regionale Vorbilder verwies. Die Architekten, die im gleichen Jahr beim nationalen Architektenkongreß in Barcelona zum ersten Mal das Thema des „künstlerischen Regionalismus“ anschnitten, schienen die Zeichen der Zeit erkannt zu haben.[6]

Lluís Domènech i Montaner
Café-Restaurant für die Weltausstellung, genannt „Castell dels Tres Dragons“
Barcelona, 1887–1888
Wappenschilde aus Fayence, nach Entwürfen von Alexandre de Riquer

Josep Puig i Cadafalch
Casa Macaya
Barcelona, 1898–1901
Erker der ersten Etage
Keramiken von Pujol i Bausis

Das auf diese Weise vorbereitete Terrain wurde in den darauffolgenden Jahren von dem Architekten und Archäologen Josep Puig i Cadafalch genutzt, der den Begriff des künstlerischen Regionalismus mit Hilfe von drei zwischen 1891 und 1893[7] erschienenen Artikeln allgemein bekannt machte. Seine Ausrichtung war allerdings weit weniger regionalistisch, als er vorgab. Er konzentrierte sich auf die Untersuchung der Ornamentik, bezog sich hierbei aber auf eine archäologische Kultur mit eher spanischen denn authentisch katalanischen Wurzeln und verlagerte so die Debatte über den Regionalismus zu einer Debatte über den Jugendstil. Er war eindeutig mehr an der Ornamentik an sich interessiert als am Ausdruck einer wie auch immer gearteten katalanischen Identität. Er maß dem Entstehen einer neuen Sprache einen höheren Stellenwert bei als der Genauigkeit der Quellen und bestätigte so seine „modernistische" Haltung. Sein Rückgriff auf mittelalterliche Elemente war nichts weiter als unverbindliches Spiel und bot ihm einen Rahmen, der ihm alles erlaubte. Der Einfluß der angelsächsischen Arts-and-Crafts-Bewegung ist überall spürbar, so als ob ihm Ruskin oder William Morris persönlich die Hand geführt hätten. Die Lektüre der monatlich erscheinenden Zeitschrift *The Studio* erleichterte in der Tat diese gegenseitige Beeinflussung und Vermischung über Landesgrenzen hinweg, die bei der Verbreitung des Jugendstils eine so entscheidende Rolle spielte.

In seinem ersten Werk, der Casa Martí i Puig, wurde das Café *Els Quatre Gats* eingerichtet, das bald zum Treffpunkt der künstlerischen Avantgarde Barcelonas avancierte. Der Architekt blieb mit diesem Werk einem an der Spätgotik orientierten neogotischen Vokabular treu, das an Domènech i Montaner und den jungen Gaudí erinnert. Erst etwas später, mit der Casa Coll i Regàs und den Villen Macaya und Amatller, verlieh er seiner Begeisterung für die Ornamentik Ausdruck, indem er bunte Fliesen und Sgraffito fast im Übermaß einsetzte. Das von Pere Romeu gegründete und von Ramòn Casas eingerichtete, dem *Chat noir* in Paris nachempfundene Café *Els Quatre Gats*[8] wurde zum Symbol der Wiedergeburt der katalanischen Kunst, das Persönlichkeiten wie Santiago Rusiñol, Miquel Utrillo, Raimon Casellas und Enric Clarasó zu seinen Stammgästen zählte. Seine Speisekarten wurden vom jungen Pablo Picasso entworfen, dessen Laufbahn hier ihren Anfang nahm.

Josep Puig i Cadafalch scheint den sich damals in Brüssel und Paris entwickelnden Jugendstil nicht gekannt zu haben. Seine Architektur trägt weder die Züge Hortas noch van de Veldes (den er mit Sicherheit nicht kannte), läßt jedoch Töne von William Morris und Richard Norman Shaw oder gar von Meistern der vorangegangenen Generation wie William Burges oder George Gilbert Scott anklingen. Der Einfluß William De Morgans, der Keramiker in der von Mackmurdo im Jahre 1882 gegründeten Century Guild war, wird in seiner Verkleidung der Casa Coll i Regàs deutlich, die sein erstes reifes Werk darstellt.

Hat sich Josep Puig überhaupt jemals mit dem Jugendstil als einem von floraler Ornamentik geprägten Stil auseinandergesetzt? Bei Betrachtung seines Werkes kann man dies bezweifeln. Wie die belgischen Künstler, wenngleich auch in anderen Bereichen tätig, so erwies auch er sich als Erbe einer fest in der Geschichte des 19. Jahrhunderts verwurzelten Strömung, die nach einer Erneuerung der dekorativen Künste strebte. Doch ging es nicht allein darum, neue Werkstoffe zu finden, die keinen Bezug zur traditionellen Konstruktion haben, sondern es mußten auch völlig neue Materialien entwickelt werden, die das Verlangen der Epoche nach reicher Ornamentik zu stillen vermochten. In der klassischen Tradition war der Dekor nichts weiter als Anhängsel eines allumfassenden Proportionssystems, das seinerseits wiederum die Hierarchie der Gesellschaft widerspiegelte. Waren diese Konventionen erst einmal über Bord geworfen, waren auch dem Dekor keine Grenzen mehr gesetzt. Das Ornament wurde zum Wert an sich, löste sich aus der Abhängigkeit von Konstruktion oder Funktion und wurde zur reinen Freude, zur Form um der Form willen.

Diese absolute Freiheit eröffnete der Ornamentik des Jugendstils nahezu grenzenlose Möglichkeiten. So ist es kein Zufall, daß ab der Jahrhundertmitte eine Fülle von Veröffentlichungen über die Geschichte und die Anwendungsmöglichkeiten des Ornaments publiziert wurde. Owen Jones, dessen *The Grammar of Ornament* im Jahre 1856 als Antwort auf die Ausstellung von 1851 erschien, machte den Anfang. Ihm folgten Christopher Dresser (*Principles of Decorative Design,* 1873) und Gottfried Semper, der im Jahre 1860 in seinem Buch *Der Stil* die theoretischen Positionen der modernen Bewegung auch hinsichtlich des Ornaments darstellte.

Professoren des Department of Practical Art in London bereiteten den Weg für die Publikation einer Vielzahl historischer Arbeiten, auf die sich insbesondere Frankreich spezialisieren sollte. Ab 1869 wurde in Paris *L'Ornement polychrome* von Albert Racinet veröffentlicht (im Jahre 1885 erscheint die *Deuxième Série de l'Ornement polychrome*). Dann begann man, sich für die Kunst des Orients zu interessieren: *L'Art arabe d'après les Monuments du Kaire* von Achille Prisse d'Avennes entstand zwischen 1869 und 1877, *Les Arts arabes* von Jules Bourgoin 1873 und *Architecture et Décoration turques au XVe siècle* von Léon Parvillée im Jahre 1874 (mit einem Vorwort von Viollet-le-Duc). Viollet-le-Duc selbst schrieb im Jahre 1877 *L'Art russe,* nachdem er 1863 das Vorwort zu dem erstaunlichen Buch *Cités et Ruines américaines* von Désiré Charnay verfaßt hatte. Auch die angelsächsischen Autoren trugen ihren Teil zur Fülle der Arbeiten über den Fernen Osten bei. Im Jahre 1867 erschien *The Grammar of Chinese Ornament* von Owen Jones, 1880 *A Grammar of Japanese Ornament* von Thomas W. Cutler und im Jahre 1882 schließlich *The Ornamental Arts of Japan* von George Ashdown Audsley.

Ein Großteil dieser historischen Studien über das ornamentale Repertoire stammte aus der Feder der Arts-and-Crafts-Bewegung. Die Fülle der Beispiele gab den Künstlern des ausgehenden Jahrhunderts eine grenzenlose Freiheit, die ihre schöpferische Phantasie ungemein anregte. In den Rang der hohen Künste erhoben, wurde die dekorative Kunst zu einer der historischen Malerei oder allegorischen Bildhauerkunst gleichwertigen eigenen Formendisziplin. In dem Wissen, verstanden und anerkannt zu werden, übertrafen die Künstler sich selbst.

Für das katalanische Kunstschaffen gewann diese Begeisterung für das Ornament eine besondere Bedeutung. Während die Kunst Frankreichs stark unter den Einfluß der gotischen Zierglieder geriet, die dem Jugendstil ein Übermaß an Stäben und Zierleisten aufzwangen und aus ihm einen gleichermaßen subtilen wie überschwenglichen „spätgotischen Louis-Quinze-Stil" machten, schlug die katalanische Architektur

Adolf Ruiz i Casamitjana
La Rotonda
Barcelona, 1906–1918
Belvedere
Mosaik von Lluís Bru i Sallelas,
Ornamente von Alfons Juyol

eine völlig andere Richtung ein und fand zur keramischen Ornamentik, die eigenen, aus der islamischen Konzeption des geometrisch-abstrakten Musters abgeleiteten Regeln folgte. Über den Mudejarstil vermittelt, erlebte diese Tradition eine Renaissance, nun allerdings mit einer neuen Bedeutung: Sie wurde innerhalb des europäischen Kulturraumes zu einer künstlerischen Besonderheit und Eigenart Spaniens. Gemeinsam mit der Annäherung an die Gesetze der gotischen Ornamentik entstand so ein harmonisches Stilprinzip, das die organische Nachbildung der Natur mühelos in ein rein geometrisches Formenprinzip integrierte: Villard de Honnecourt à la Eugène Grasset. So ausgerüstet, konnten die Jugendstilkünstler Barcelonas überzeugende Modernista-Architekten und gewissenhafte Archäologen zugleich sein – mal gotisch, mal japanisch. In erster Linie aber waren sie Katalanen: Sie stellten die Fülle dieser Quellen in den Dienst ihres eigenen kulturellen Anliegens, das die Wiederbelebung der regionalen Tradition ihres Landes zum Ziele hatte.

Der katalanische Jugendstil kam erst relativ spät, in den letzten Jahren des 19. Jahrhunderts, zur Blüte und konnte sich im Vergleich zu der in den anderen europäischen Ländern rasch aus der Mode kommenden Bewegung erstaunlich gut behaupten. Während die Turiner Ausstellung im Jahre 1902 als Schwanengesang des Jugendstils angesehen wurde, der kurze Zeit später von weniger dem Ornament zugewandten Strömungen abgelöst werden sollte, schien Katalonien dem von der zeitgenössischen Schule vorgezeichneten Weg beharrlich zu folgen und zu versuchen, seinen Stil in allen Aspekten zu vervollkommnen. Es ist der geographischen Abgeschiedenheit zu verdanken, daß der Jugendstil um die Jahrhundertwende gerade in Katalonien seine wahre Entfaltung erreichte.

Ignasi Mas i Morell
Stierkampfarena „Monumental"
Barcelona, 1915–1916
Treppenturm
Mosaik von Mario Maragliano

Man kann die zwischen 1903 und 1905 von Domènech i Montaner konzipierte Casa Lleó Morera oder den zwischen 1905 und 1908 erbauten Palau de la Música Catalana nicht als Spätwerke einer bereits zu Ende gehenden Bewegung betrachten, denn sie stellen in Wirklichkeit die schönsten und bedeutendsten Werke der Epoche dar, die einen Vergleich mit den Casas Batlló oder Milà von Gaudí durchaus standhalten. In Zusammenarbeit mit Josep Pey und Joan Carreras gelang Domènech mit der Casa Lleó Morrera die Realisierung des Gesamtkunstwerks, das dem Jugendstil als Ideal immer vorschwebte. Hier sind Architektur, Mobiliar, Fenster und Dekor in einer einzigartigen Weise zu einer vollkommenen Einheit verschmolzen. Dies gelang ihm ebenso brillant beim Palau de la Música Catalana, für den er in Zusammenarbeit mit den Bildhauern Miquel Blay und Eusebi Arnau und dem Stukkateur Lluís Bru außergewöhnliche Werke, wie beispielsweise die geflügelten Pferde und die allegorischen Darstellungen der katalanischen Musik in der Apsis, schuf.[9] Den Höhepunkt dieser Virtuosität, die schließlich zu einer Verschmelzung von Architektur und Ornament führte (im Gegensatz zu dem, was der Rationalismus der vorherigen Generation vermocht hatte), sollte aber erst Gaudí mit seinen nach der Jahrhundertwende konzipierten Werken erreichen. Vom Parc Güell über die Villen Batlló und Milà bis hin zur Sagrada Família offenbart sein Werk die Harmonie einer künstlerischen Konzeption, die Ornamentik und Konstruktion einem gemeinsamen Gestaltungsprinzip unterwarf und die gegensätzlichen Ansätze der letzten fünfzig Jahre in einer Synthese versöhnte.

Eine neue Architektur

Die Abkehr von den klassischen Kompositionsregeln, die vierhundert Jahre lang die Baukunst bestimmt hatten, stellte einen kulturellen Wendepunkt dar, der durchaus mit dem Übergang vom Mittelalter zur Renaissance verglichen werden kann. Die Architektursprache, die sich im Laufe des 19. Jahrhunderts durchzusetzen begann (und die der Jugendstil zur Vollendung bringen wollte), zielte darauf ab, die innere Funktion des Gebäudes auf der Fassade sichtbar zu machen. Anleitungen über Größe, Anordnung und Abfolge der Maueröffnungen in der Fassade konnten die Architekten im Leitwerk der neuen Architektur – den *Entretiens sur l'Architecture* von Viollet-le-Duc – finden. Die neue Architektur, die in Chicago und Brüssel im Entstehen begriffen war (Sullivan und Wright, Hankar und Horta), sollte den Aufschwung der „katalanischen Renaissance" begünstigen.

Hinweise auf eine neue Sprache wurden bereits bei Domènech i Montaner deutlich, der ihren Prinzipien in seinen Bauten in Reus und Barcelona folgte. Während die klassische Fassade eine in drei Abschnitte (Sockel, Piano Nobile und Bekrönung) aufgeteilte, durch regelmäßig angeordnete Maueröffnungen gegliederte Fläche aus Stein war, wird die neue städtische Fassade zu einem einzigen Ornament, das selbst einem Palast angemessen wäre. Eine phantasievolle Fassade neben der nächsten, ganze Straßenzüge wurden eingekleidet und machten deutlich, wie sehr dem Jugendstil an der Freiheit der Gestaltungsweise und der Vielfalt des individuellen Ausdrucks lag.

Unterschiedliche Beispiele der Fassadengestaltung

OBEN:
Josep Vilaseca i Casanovas
Casa Enric Batlló
Barcelona, 1891–1896

LINKS:
Antoni Rovira i Rabassa
Casa Josep Codina
Barcelona, 1898

GEGENÜBERLIEGENDE SEITE UNTEN:
Jeroni F. Granell i Manresa
Casa Jaume Forn
Barcelona, 1904–1909

Oben:
Jeroni F. Granell i Manresa
Casa Rossend Capellades
Barcelona, 1904–1906

Links:
Adolf Ruiz i Casamitjana
Casa Llorenç Camprubí
Barcelona, 1900

Der „Block der Zwietracht“ (Mançana de la discòrdia) auf dem Passeig de Gràcia ist ein Musterbeispiel für den ästhetischen Konflikt, der sich aus der Zusammenstellung dreier völlig unterschiedlich gestalteter Fassaden (von Domènech, Puig und Gaudí) ergibt, die dem an klassizistische Formen gewöhnten Auge höchst ungewöhnlich vorkommen mußte.

Eckfenster, gekuppelte Fenster, Okuli, Vorsprünge, Erker und Balkone – ein Sammelsurium willkürlicher Formen unterbricht die Flächigkeit der Fassaden und löst ihre regelmäßige Gliederung auf. Man wollte die Funktion der ebenerdigen Läden, den Grundriß der Wohnungen und die Tatsache, daß es sich um Stadtarchitektur handelt, auf der Fassade und in der Dachlandschaft deutlich machen. Diese neue Sprache reflektierte zwar die Stilprinzipien des mittelalterlichen Hauses, war gleichzeitig aber auch bewußtes Bekenntnis zur Moderne.

Dieser grundlegende Wandel in der Gestaltung war nicht nur in einem neuen Formenverständnis begründet, sondern auch Ergebnis einer grundlegenden technischen Erneuerung, des Übergangs von der tragenden Mauer zum Metallskelett (das an die mittelalterliche Fachwerkbauweise erinnert). Die regelmäßige Anordnung der Maueröffnungen der klassischen Fassade hatte durchaus ihren Sinn, denn schmale Tür- und Fensterstürze und eine geordnete Kraftableitung gehörten zu den Regeln der hohen Baukunst, ohne deren Einhaltung die Dauerhaftigkeit des Gebäudes nicht gewährleistet war. Nun aber erlaubte das Metallskelett, die tragenden Elemente zu verringern, indem es selbst die Funktion der tragenden Mauern übernahm und so eine freizügige Öffnung der Fassade erlaubte. Diese mußte nun nicht länger peinlichst genau die statischen Gesetze respektieren und war nicht länger der „steinerne Sarg“, der die Maurer vier Jahrhunderte lang beschäftigt hatte, sondern wurde zur Hülle der Innenräume und ihrer Funktionen und zum Vermittler zwischen Innen und Außen. Die freie Grundrißgestaltung der modernen Architektur des 20. Jahrhunderts wird diese Befreiung von den statischen Zwängen später in weitaus größerem Maße nutzen und neue formale Lösungen der Fassadengestaltung entwickeln. Aber bereits zu Ende des 19. Jahrhunderts hatten die Architekten das neue Prinzip verstanden und wandten es ausgiebig an.

Lluís Domènech i Montaner
Casa Navàs
Reus, 1901–1907
Fassade zur Plaça del Mercadal

Gegenüberliegende Seite:
Mittelteil
Oben:
Eckloggia
Rechts:
Kolonnadenpfeiler

Lluís Domènech i Montaner
Casa Lleó Morera
Barcelona, 1903–1905
Fassade zum Passeig de Gràcia

OBEN:
Belvedere
GEGENÜBERLIEGENDE SEITE:
Mittelteil
Skulpturen von Eusebi Arnau i Mascort,
Ornamente von Alfons Juyol

LINKS:
Paul Hankar
Haus des Malers Ciamberlani
Brüssel, 1897
Fassadenentwurf

Ornament und Struktur

Die neuen Kompositionsregeln betrafen auch den Dekor und revolutionierten seine Beziehung zur Konstruktion. Eine überaus reiche Ornamentik, wie sie beispielsweise Charles Garnier in den 60er Jahren für die Pariser Oper konzipiert hatte, gehörte nun zum architektonischen Standard. Prachtvolle Formen und Farben schmückten die Fassaden und konkurrierten mit dem Spiel der Schatten. Auch die Ornamentik löste sich von althergebrachten Proportionsregeln und klassischen Konventionen. Die willkürliche Kombination von Formen brachte eine Palette eigenartiger, dissonanter, ausdrucksstarker Details hervor, deren lyrisches Zusammenspiel überraschte.

Die neu gewonnene Freiheit des Dekors bestand im wesentlichen darin, daß nun ornamentale Elemente ohne Rücksicht auf traditionelle Regeln völlig frei aneinandergereiht und zusammengestellt werden konnten. Starke Schattenwirkung, üppige Verwendung wertvoller Materialien, rhythmischer Wechsel, ungewöhnliche Reliefs: Alles war erlaubt. Lluís Brus und Eusebi Arnaus Gestaltung der Bühnenrückwand des Palau de la Música Catalana brachte die neue Auffassung über Ornamentik überzeugend zum Ausdruck und erinnerte an die Arbeiten von Gustav Klimt in Österreich. Die gebogene Fläche ist mit Bruchfliesen (trencadís) und Mosaik verkleidet, und aus ihr treten achtzehn plastisch modellierte allegorische Nymphen aus weißem Stuck hervor. Als Domènech einige Jahre später seine steinernen Frauengestalten vor die Balkone der Casa Joaquim de Solà-Morales in Olot setzte, gab er ein wunderbares Beispiel der neuen Verwendung des Dekors.

Lluís Domènech i Montaner
Palau de la Música Catalana
Barcelona, 1905–1908

OBEN:
Perspektivische Ansicht

Loggia des Hauptfoyers
LINKS:
Blick nach oben
GEGENÜBERLIEGENDE SEITE:
Säulengang

Ganz Oben und Gegenüberliegende Seite Unten:
Lluís Domènech i Montaner
Palau de la Música Catalana
Barcelona, 1905–1908
Konzertsaal, Rückwand der Bühne
Allegorien der Musik, Skulpturen von
Eusebi Arnau i Mascort,
Mosaik von Lluís Bru i Salellas

RECHTS, GEGENÜBERLIEGENDE SEITE MITTE UND UNTEN:
Lluís Domènech i Montaner
Palau de la Música Catalana
Barcelona, 1905–1908
Loggia des Hauptfoyers
Kapitelle des Säulengangs

LINKS:
Gustav Klimt
Der Kuß, um 1905–1909
Brüssel, Palais Stoclet
Entwurf für ein Mosaik

RECHTS UND GEGENÜBERLIEGENDE SEITE:
Lluís Domènech i Montaner
Palau de la Música Catalana
Barcelona, 1905–1908
Konzertsaal, Rückwand der Bühne
Allegorien der Musik, Skulpturen von Eusebi Arnau i Mascort,
Mosaik von Lluís Bru i Salellas

Gegenüberliegende Seite, oben und links:
Lluís Domènech i Montaner
Casa Joaquim de Solà-Morales
Olot, 1913–1916
Fassade zum Passeig El Firal, Loggia im oberen Geschoß
Konsolen in Frauengestalt, Skulpturen von Eusebi Arnau i Mascort

Das Sgraffito

Diese alte Technik des Kratzputzes ist mit der Freskenmalerei verwandt, betont aber stärker als diese den Umriß (durch Abkratzen der oberen hellen Putzschichten wird die darunterliegende dunkle Grundierung sichtbar). Vor allem im Florenz des 15. Jahrhunderts beliebt, wurde die Technik in den darauffolgenden Jahrhunderten auch in Deutschland verwendet. Im 19. Jahrhundert wurde sie von Gottfried Semper wiederentdeckt, um später im Jugendstil zu einer der beliebtesten Techniken der Fassadendekoration zu werden.

In Katalonien allerdings war das Sgraffito nie völlig aus der Mode gekommen. Im 18. Jahrhundert beispielsweise schmückte es die Fassaden der Paläste. Gegen Ende des 19. Jahrhunderts erlebte es eine neue Blüte und wurde als typisch regionale Ornamentierung sehr geschätzt. In der dekorativen Kunst spielte es eine ähnlich bedeutende Rolle wie die portugiesischen Azulejos, da es wie diese reizvolle und ungewöhnliche Verzierungen ermöglichte, die die großzügig strenge Gliederung der Fassaden spielerisch auflockerten.

Kein Ornament konnte dem Jugendstil mehr zusagen. Ob auf Böden, Mauern oder Wänden, überall sproß der florale Dekor, reihte sich die Wiedergabe einer Anekdote an die Darstellung einer fiktiven Geschichte und schuf so eine Ornamentik, deren monumentale Größe (oft aber auch Winzigkeit) dramatisch mit den herkömmlichen Proportionen der Wandöffnungen kontrastierte. Die Technik, Proportionen und Formen einander visuell effektvoll gegenüberzustellen, machte jedes Bauwerk zum Kunstwerk. Das Streben, die Liebe zur Kunst immer und überall sichtbar zu machen, aber war der Versuch einer Epoche, die verschlechterten Lebensbedingungen durch eine Aufwertung des künstlerischen Schaffens zu kompensieren. In dieser Hinsicht erwies sich der Jugendstil als typisches Erbe des 19. Jahrhunderts.

Gegenüberliegende Seite oben:
Casa Núria
Sant Julià de Vilatorta, Ende 18. Jahrhundert
Sgraffito

Rechts, unten und
Gegenüberliegende Seite unten:
Joan Garrido i Bertran
Casa del Gremi dels Velers
Barcelona, 1758–1763
Sgraffito

Josep Puig i Cadafalch
Casa Macaya
Barcelona, 1898–1901

Links und Gegenüberliegende Seite Unten:
Fenster zum Innenhof
Unten:
Fassade zum Passeig de Sant Joan
Sgraffito von Joan Paradís

Oben:
Josep Puig i Cadafalch
Casa Amatller
Barcelona, 1898–1900
Fassade zum Passeig de Gràcia
Sgraffito von Joan Paradís

Oben:
Antoni Maria Gallissà i Soqué
Casa Llopis i Bofill
Barcelona, 1902–1903
Fassade zum Carrer de València
Sgraffito von Antoni Maria Gallissà i Soqué

Links:
Josep Plantada i Artigas
Casa Josep i Ramon Queraltó
Barcelona, 1906–1907
Fassade zur Rambla de Catalunya

Gegenüberliegende Seite:
Jeroni F. Granell i Manresa
Casa Jeroni F. Granell
Barcelona, 1901–1903
Fassade zum Carrer de Girona

Die Synthese

Der Jugendstil verfolgte in gewisser Weise in sich widersprüchliche Ziele. Einerseits strebte er die totale Befreiung des individuellen künstlerischen Ausdrucks an – was konsequenterweise eine äußerst umfangreiche Palette individueller künstlerischer Formen nach sich zog –, andererseits aber verlegte er sich gleichzeitig darauf, durch die florale Ornamentik einen allumfassenden Stilbegriff zu entwickeln. Dieses Bestreben war nicht neu, denn bereits seit der Mitte des 19. Jahrhunderts ersehnte man die wahre Einheit der Kunst, von der man sich die Auflösung der Gegensätze zwischen Künstler und Stil erhoffte.

Die Sehnsucht nach Einheit in der Kunst kommt auch in Gaudís Werk zum Ausdruck. Sein Anliegen war, eine Synthese zwischen Baukörper und Dekor zu entwickeln. Er überwand die traditionelle Gegenüberstellung von Ornament und Konstruktion (die noch in seinen frühen, vom Mudejarstil inspirierten Bauten zum Ausdruck kam) und suchte nach einer einheitlichen Sprache, in der das Ornament das Konstruktionsskelett kommentiert. Er lehnte den Kontrast zwischen Skelett und Dekor ab und wollte beide zu einer Einheit verschmelzen.

Dieses Anliegen, das bereits in der Casa Batlló anklang, nahm mit dem Projekt der Sagrada Família konkretere Züge an. In diesem Bauwerk lehnte sich Gaudí an die „Synthetische Kathedrale" von Boileau an, die der nahezu absurde Versuch war, den Grundriß der Peterskirche in Rom, den Aufriß der Kathedrale von Chartres und den Innenraum der Alhambra in einem Entwurf zu vereinen. So unmöglich dieses Unterfangen auch scheinen mag, all diese Elemente finden sich in Gaudís Sagrada Família, deren Schnitt sich an Boileaus Entwurf der synthetischen Kathedrale (in der im Jahre 1853 in *Nouvelle Forme architecturale* veröffentlichen Form) orientiert.

Antoni Gaudí
Casa Batlló
Barcelona, 1904–1906

OBEN:
Fassade zum Passeig de Gràcia
Mosaik von Josep Maria Jujol
LINKS:
Entwurfsskizze
GEGENÜBERLIEGENDE SEITE:
Eingangshalle
Wand- und Deckenverkleidung
mit falschem Mosaik

LINKS:
Louis-Auguste Boileau
Nouvelle Forme architecturale ..., 1853
„Synthetische Kathedrale"
Querschnitt

Gaudí ging von der gotischen Baukunst aus und korrigierte ihre Unzulänglichkeiten (so verzichtete er auf die Strebebögen, die er als „Krücken" der Konstruktion abqualifizierte), schöpfte aber andererseits ihre Möglichkeiten voll aus, etwa die Transparenz der Wände dank großer Fensterflächen und die Reflexion des Lichtes durch den Gewölbeverlauf, die dem Innenraum der gotischen Kathedrale seine magische Schönheit verleihen. Aber Gaudí ging noch weiter: Überzeugender als Boileau gelang es ihm, Konstruktion und Ornament zu einer Einheit zu verbinden, die die Kirche zu einer poetischen Hymne des Glaubens macht.

Ganz im Stil der evolutionistischen Strömungen seiner Zeit (sozusagen als Verallgemeinerung der Theorien von Lamarck und ihrer Anwendung auf die Architekturgeschichte), paßte er den Baukörper und seine Glieder den in der Natur vorkommenden Formen an. Auf diese Weise gelang er zu einer erstaunlichen Vielfalt unterschiedlicher Formen, deren organischer Charakter vortrefflich mit der religiösen Symbolik harmoniert. In dieser bis zu ihren Grenzen getriebenen Synthese wies Gaudí über alle Versuche seiner Epoche hinaus und sicherte sich so mit Recht den Ruf eines genialen Architekten. Die von ihm erreichte Synthese befriedigte ein grundlegendes Bedürfnis seiner Zeit: Die Hoffnung, die Banalität der Epoche und den Streit um den Stil zu überwinden und zu einer Idee des schöpferischen Aktes zu finden, deren Objektivität sich mit der der Wissenschaft messen kann und die jenseits aller individuellen oder gesellschaftlichen Schranken eine unvergängliche Kunst ermöglicht. Die gleichen Gedanken sollte wenige Jahre später die Gründer des Bauhauses veranlassen, eine Architektur der Zukunft, „ein kristallenes Sinnbild eines neuen kommenden Glaubens" zu suchen.

Antoni Gaudí
Sühnekirche Sagrada Família
Barcelona, 1883–1926
Weihnachtsfassade, 1893–1903

Rechts und gegenüberliegende Seite oben:
Innenansichten
Oben:
Gesamtansicht (nach einem Modell), 1915

Antoni Gaudí
Sühnekirche Sagrada Família
Barcelona, 1883–1926
Weihnachtsfassade, 1893–1903

Oben:
Hoffnungsportal:
„Die Verlobung der Jungfrau Maria mit dem heiligen Josef"
Rechts:
Tor des Glaubens:
„Darbringung Jesu im Tempel"
Gegenüberliegende Seite:
Liebesportal:
„Marienkrönung", Skulpturen von Llorenç und Joan Matamala, nach Modellen von Antoni Gaudí

4
Das Hospital de Sant Pau

In einer eleganten Synthese der vorherrschenden künstlerischen Strömungen im Europa des ausgehenden 19. Jahrhunderts vereinte der katalanische Jugendstil die rationalistischen Elemente der französischen Tradition mit den dekorativen Tendenzen der englischen Arts-and-Crafts-Bewegung. Als vollkommener Ausdruck der zeitgenössischen künstlerischen Avantgarde hatte er sich zum Ziel gesetzt, eine von jeglichem Historizismus befreite, neue Formensprache zu schaffen. Der katalanische Modernisme stand aber auch unter dem Einfluß des Symbolismus und der archäologischen Tradition. Vor diesem Hintergrund unterschiedlichster künstlerischer Intentionen und Stilmittel brachte Katalonien ein überaus vielseitiges künstlerisches Schaffen hervor, das originell und dem Experiment gegenüber stets aufgeschlossen war. Jedes vollendete Werk war den katalanischen Architekten Gelegenheit, das eigene schöpferische Credo zu überprüfen und gegebenenfalls zu revidieren.

Die Laufbahn eines jeden Künstlers wies Brüche auf, und kein Werk läßt sich auf ein kohärentes System künstlerischer Maximen und Leitbilder zurückführen oder einer bestimmten Schule zuordnen. Es sind gerade diese grenzenlose gestalterische Freiheit und die atemberaubende Ideenfülle, die die Belle Epoque mit ihrem Reichtum, ja Überfluß an faszinierenden Ausdrucksformen auszeichnen. War die Klassik streng normativen Prinzipien gefolgt, so gab sich der Jugendstil individualistisch-verspielt, anarchisch gar, da er nur vereinzelt das Kunstschaffen Regeln unterwerfen wollte und feierlich, einem Dogma gleich, die völlige Unabhängigkeit der schöpferischen Arbeit verkündete.

Dennoch treten diese Werke, ungeachtet ihrer individuellen Verschiedenheit, in einen Dialog miteinander, der die künstlerische Eigenständigkeit ihrer Erbauer unterstreicht. Man kann dabei durchaus auf die Verschiedenartigkeit dieser Bauwerke und ihre Widersprüche hinweisen (insbesondere im Falle der Häuser in der Häuserzeile des sogenannten Mançana de la discòrdia). Ebenso wichtig aber ist auch der Reichtum dieses architektonischen Dialogs, der eine erstaunliche Vielfalt in den persönlichen künstlerischen Absichten und Einstellungen verrät. Im Gespräch dieser Bauwerke untereinander kann man einen beharrlichen Disput über Sinn und Zukunft der Kunst und eine bestimmte Weltanschauung ihrer Schöpfer erkennen.

Das wohl anschaulichste Beispiel dieses künstlerischen Dialogs ist die Beziehung zwischen der Sagrada Família von Gaudí und dem Hospital de Sant Pau von Domènech i Montaner, die sich an den Enden der diagonal zum Raster des *Eixample* verlaufenden Avinguda de Gaudí gegenüberstehen. Die beiden Bauwerke entstanden etwa zur gleichen Zeit über einen Zeitraum von ungefähr 25 Jahren. Während das eine großartiger Ausdruck des mystischen Glaubens seines Erbauers ist, fügt sich das andere strengsten funktionalen Anforderungen. Gleichwohl sind beide Bauten den neogotischen Tendenzen innerhalb des Jugendstils zuzuordnen, und beiden ist der Drang nach neuen Ausdrucksformen gemein. Die Gegenüberstellung des Meisters Domènech i Montaner und seines Schülers Gaudí ist freilich alles andere als zufällig. Die Nähe der beiden Bauwerke zueinander erlaubte den beiden Architekten, mit Nachdruck Sinn und Bedeutung ihrer jeweils eigenen architektonischen Wertvorstellungen zu kommentieren. Die baulichen, künstlerischen aber auch persönlichen Intentionen, die Gaudí mit der Sagrada Família verband, sind heute hinlänglich bekannt[1], und so wollen wir uns im folgenden mehr dem Werk Domènech i Montaners zuwenden.[2]

Die beiden Bauwerke, die ihren monumentalen Charakter durchaus nicht verleugnen, stehen in privilegierter Lage in der städtischen Umgebung des *Eixample*. Im Norden der Stadt, auf einer den Anhöhen von Guinardó und dem Parc Güell vorgelagerten Ebene befinden sie sich rechter Hand zur Plaça de les Glòries Catalanes. Hier treffen die drei wichtigsten Straßenachsen des neuen Stadtteils zusammen: die Gran Via de les Corts, die parallel zu den alten Schutzmauern in Richtung Rambla verläuft, die Avinguda Diagonal, die schräg das Rastermuster des *Eixample* durchschneidet und so die Eintönigkeit des Stadtplans durchbricht, und schließlich die Meridiana, die zum Parc de la Ciutadella führt. Letztere Straße bildet eine zweite Diagonale, die auf einer Nord-Süd-Achse die östlichen Vorstädte Barcelonas durchquert.

Parallel zur Avinguda de la Meridiana und im stumpfen Winkel zur Avinguda Diagonal verläuft die kurze Avinguda Gaudí, die das Querschiff der Sagrada Família mit dem Eingangspavillon des Hospitals de Sant Pau verbindet. Die beiden Architekten nutzten die Ausrichtung ihrer Bauten auf spielerische Weise und betonten so bewußt den Dialog mit dem einförmigen Rastermuster der Straßen. Gaudí richtete sein Werk auf die Südwest-Nordost-Achse der Gran Via aus, die parallel zur Stadt und zum Hafen verläuft. Der Chor der Kirche weist auf die im Hintergrund liegenden Hügel, während die Hauptfassade zum Meer ausgerichtet ist. Die leicht abfallende Avinguda Gaudí trifft schräg auf die Weihnachtsfassade des Hauptschiffs, dessen monumentale Größe für den gesamte Stadtteil als Orientierungspunkt dienen kann. Der Sagrada Família gegenüber steht das Hospital de Sant Pau in der Verlängerung der Avinguda Gaudí, die in der Diagonale der weiträumigen Krankenhausanlage eine Fortsetzung findet. In ihrer Gegenüberstellung verdeutlichen die beiden Bauwerke ihre wesentliche Merkmale und Gegensätze: hier großartiger, monumentaler Sakralbau, dort subtiler, funktionaler Nutzbau, hier imposante Masse, dort offene, freie Fläche, hier Stein, dort weitläufiges Grün, hier Stadt, dort Park.

Domènech i Montaner erlag nicht der Versuchung, mit Gaudís Vokabular zu wetteifern, betonte vielmehr bewußt die Verschiedenheit, um die Besonderheit und die Anforderungen an eine weitläufige Krankenhausanlage zu unterstreichen. Seine wichtigsten Anliegen waren Licht und Luft. Dabei kam ihm die geographische Lage des Bauplatzes sehr entgegen. Das Gelände fällt nicht nur sanft in Richtung Hafen ab, seine diagonale Achse verläuft darüber hinaus exakt von Norden nach Süden. Um eine optimale Ausrichtung und bestmögliche Lichtverhältnisse zu erzielen, genügte es, die verschiedenen Gebäude des Hospitals

Lluís Domènech i Montaner
Hospital de la Santa Creu i Sant Pau
Barcelona, 1902–1911 (erster Bauabschnitt)
Lageplan, 1901–1903

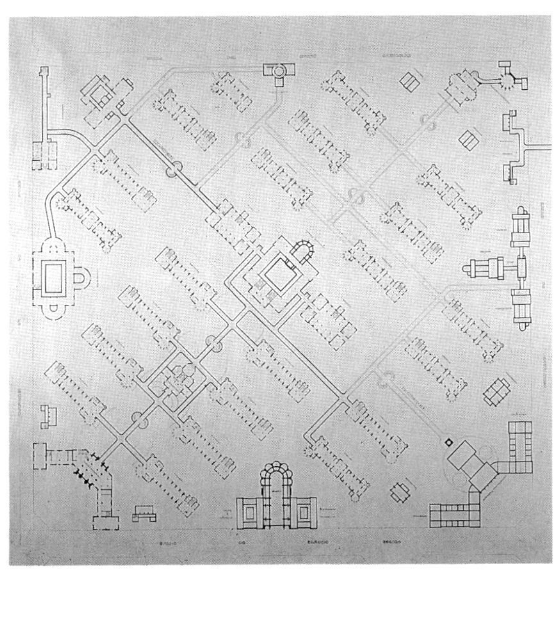

Lluís Domènech i Montaner
Hospital de la Santa Creu i Sant Pau
Barcelona, 1902–1911 (erster Bauabschnitt)
Aufnahme während der Bauarbeiten

hintereinander entlang der zentralen Allee aufzureihen. Da der gesamte Komplex zudem auf das in der französischen Architektur beliebte System freistehender Pavillons zurückgriff, erscheint das Hospital als eine grüne, lichte Oase inmitten der Stadt, die sich durch ihre geschickte diagonale Ausrichtung harmonisch in den Plan des *Eixample* einfügt.

Als Domènech i Montaner 1901 mit dem Bauprojekt beauftragt wurde, konnte er bereits auf mehr als zwanzig Jahre praktischer Erfahrung zurückblicken. Er befand sich an einem Wendepunkt seiner beruflichen Laufbahn, die eine dem Werdegang Josep Puigs entgegengesetzte Richtung einschlagen sollte. Seit 1869 Mitglied der Jove Catalunya, wurde er 1887 Präsident der Lliga de Catalunya und fünf Jahre später, 1892, Präsident der Unió Catalanista. Mit diesem Titel wurde er 1901 in den Cortes gewählt, ein Jahr nachdem er zum Direktor der Hochschule für Architektur von Barcelona ernannt worden war. Drei Jahre später gab er all diese Ämter auf, um sich fortan ausschließlich seiner Tätigkeit als Architekt zu widmen. Dieser Entschluß macht deutlich, daß Domènech i Montaner nach Jahren politischer Arbeit in der Architektur den eigentlichen Sinn seines Lebens entdeckt hatte. In dieser Zeit entstanden Meisterwerke wie das Hospital de Sant Pau, die Casa Lleó Morera und der Palau de la Música Catalana. *Don* Lluís Domènech i Montaner konnte sich nun uneingeschränkt der Baukunst widmen.

An diesem Werk sollte er bis zu seinem Lebensende arbeiten. Die ersten Pläne entstanden 1902, die Bauarbeiten zogen sich von 1903 bis 1930 hin. Der Verwaltungspavillon, der gleichzeitig als Eingang zum Hospital dient, wurde 1909 vollendet. Weitere Pavillons, in denen die Untersuchungs- und Operationsräume untergebracht sind, wurden 1911 fertiggestellt. Ein Jahr später wurde Domènechs Werk mit dem Preis der Stadt Barcelona ausgezeichnet. Von nun an schritten die Arbeiten langsamer voran. Die Vollendung der Pavillons der medizinischen Abteilung fällt in das Jahr 1928, fünf Jahre nach dem Tod des Architekten (der rückwärtige Teil des Hospitals wurde nach modifizierten Plänen seines Sohnes Pere Domènech i Roura vollendet). Mehr als zehn Jahre lang hatte sich der Architekt allmorgendlich mit seinen Mitarbeitern, seinem Sohn Pere (der ab 1914 die Bauleitung übernahm), den Architekten Catà, Bona und Puig i Janer, den Bildhauern Pau Gargallo und Eusebi

Lluís Domènech i Montaner
Hospital de la Santa Creu i Sant Pau
Barcelona, 1902–1911 (erster Bauabschnitt)
Pavillons der chirurgischen Abteilung, 1903–1911
Gesamtansicht der Pavillons

Arnau, dem Formengießer Francesc Modolell und dem Keramiker Francesc Lata[3] auf der Baustelle getroffen. Diese fruchtbare Zusammenarbeit ließ ein erstaunlich reifes Werk entstehen, dessen Dekoration und Ausgestaltung sich – wenn auch weniger frei als bei Gaudí – vollkommen in das architektonische Konzept einfügen und ebenso ehrgeizige Ansprüche wie die der Sagrada Família deutlich machen.

Im Winkel zweier Straßen bildet der Verwaltungspavillon den Eingang der Anlage. Mit seinem winkelförmigen Grundriß und den beiden, durch einen großen gedeckten Durchgang verbundenen Seitenflügeln erinnert das dreiteilige Gebäude in mancherlei Hinsicht an die *Entretiens sur l'Architecture* von Viollet-le-Duc, dem Domènech i Montaner – auch zu dieser recht späten Zeit – treu blieb. Nicht nur geht der winkelförmige Grundriß auf eine Anregung Viollet-le-Ducs für den Bau eines prunkvollen Stadthauses zurück[4], auch die Linienführung des Zentralpavillons ähnelt zum Verwechseln der eines Rathauses, dem der französische Architekt und Theoretiker in seinen *Entretiens sur l'Architecture* eine lange Abhandlung widmete.[5] Die Fassade schmückte Domènech mit reichen Details, die in ihrer Gestaltung Bezüge zu den Arbeiten von Lucien Magne für das Portal der Kirche Sacré-Cœur in Paris erkennen lassen. Die mächtigen, sich nach oben verjüngenden Strebepfeiler krönen außergewöhnliche Skulpturen, deren Ausarbeitung Pau Gargallo übertragen wurde. Diese nehmen auf verblüffende Weise das Werk von Hildo Krop und Johan Melchior van der Mey am Scheepvaarthuis in Amsterdam von 1913 vorweg, an dem die neogotischen Quellen des holländischen Expressionismus deutlich werden. Die schweren, von Hankar inspirierten Säulen in Form von Elefantenfüßen und die überbordende Fülle floraler Ornamente auf Friesen und Kapitellen, die der Vorliebe des Pariser Bürgertums für frühgotische Stilelemente entsprach, sind weitere Merkmale einer Dekoration, deren mittelalterliche Bezüge vom Jugendstil und später auch vom aufblühenden Art déco aufgenommen und interpretiert wurden.

Hinter der eindrucksvollen, wenn auch ein wenig konventionellen Fassade offenbart die mächtige, überdeckte Eingangshalle die wohl wirkungsvollste Überraschung des Gebäudes: Ein Raum voll geheimnisvoll bezaubernder Effekte, fließend, transparent und lichtdurchflutet unter

Lluís Domènech i Montaner
Hospital de la Santa Creu i Sant Pau
Barcelona, 1902–1911 (erster Bauabschnitt)
Pavillons der chirurgischen Abteilung, 1903–1911
Krankensaal

einem Dach aus unzähligen, mit glasierten, malvenfarbenen Keramikfliesen verkleideten Kuppeln. In der Ecke des Raumes führt eine prunkvolle, breite Treppe schräg nach oben. Das schlichte, ziegelgemauerte Treppenhaus ist mit reich dekorierten Balustraden und verzierten Stufenhöhen geschmückt. Die prächtige Laterne aus farbigem Glas, Mosaiken und Ziegeln, die das Ensemble bekrönt, erinnert in Form und Gestalt an arabische Kuppeln. Weiter oben verlaufen helle Galerien unter einer ebenfalls mit Mosaik und hellen Fliesen verkleideten gewölbten Decke. Die Eingangshalle besticht durch das reizvolle Spiel des Lichts, das sich an den matten oder glänzenden, mit Marmor, Kalk- oder Mauerstein, Ziegeln, Fliesen und Email verkleideten Wänden unterschiedlich bricht.

Die Anlage findet ihren Höhepunkt in einer breiten, dreischiffigen Halle, der sogenannten Sala d'Actes, einer Art Kapelle mit mächtigen Fensterreihen. Die Mauern aus nacktem Ziegelstein und die mit farbig schimmernden Mosaiken verzierten Deckengewölbe kontrastieren harmonisch mit den schmalen Laufgängen, deren durchbrochene Balustraden nach spätgotischer Manier stilisierte Buchstaben darstellen, die in ihrer Aufeinanderfolge ein Bittgebet bilden.[6] An der Mauersohle verläuft ein außergewöhnliches, mit Fliesen und Mosaik verziertes Lambrequin aus sechseckigen Fliesen und einem ungewöhnlich plastischen Fries aus gebranntem Ton. Über den mächtigen Bögen, die die Schiffe voneinander trennen, tragen die Schildwände die Wappen Kataloniens. Die Wand ist nach Art des Trompe-l'œil mit einem großen Vorhang geschmückt, dessen Blumenmotive vollständig aus Mosaik gearbeitet sind. Das dramatische Spiel des Lichts, das kraftvoll von außen in den Innenraum dringt und diesen schier zu überfluten scheint, macht dieses Werk katalanischer Baukunst höchst außergewöhnlich.

Dieser Ehrensaal, der sich über dem Durchgang des Verwaltungspavillons zur zentralen Allee des Krankenhausgeländes befindet, ist an sich bereits ein vollkommenes Meisterwerk. Doch Domènechs Einfallsreichtum war hier noch nicht erschöpft. Hinter dem Pavillon mit seiner eindrucksvollen Fassade plazierte er weitere Gebäude, die auf die Kompositionselemente des Eingangsgebäudes zurückgreifen. Von dem hinter diesem gelegenen, kleinen, bepflanzten, leicht geneigten Platz aus öffnet sich der Blick auf weitere Bauten. Vorne rechts liegt der Operationsblock, dessen Fassade im verkleinerten Maßstab die Gestaltung des Eingangspavillons wieder aufnimmt. Beidseitig entlang der Zentralallee sind auf dem leicht ansteigenden Grundstück die Pavillons der Chirurgie und der medizinischen Abteilung plaziert. Im Zentrum der Anlage steht ein großer, diagonal ausgerichteter Baukörper, in dem Küchen, Apotheke und technische Einrichtungen untergebracht sind.

Dahinter und jeweils zu beiden Seiten dieses Zentralgebäudes befinden sich weitere Pavillons. Auf der linken Seite liegen die Pavillons der Gynäkologie und der Entbindungsstation, rechter Hand stehen Maschinenraum, Wäscherei und Werkstatt. In nördlicher Richtung schließt sich eine weitere Gruppe von sechs freistehenden Pavillons an, die für Patienten mit ansteckenden Krankheiten vorgesehen sind. An den jeweiligen Enden der von Westen nach Osten verlaufenden Diagonalen befindet sich, links vom Eingang aus gesehen, die Ambulanz und auf der gegenüberliegenden Seite eine Kirche sowie ein Wasserturm und das

Kinderkrankenhaus. An dem dem Eingangspavillon entgegengesetzten Ende der zentralen Allee schließlich liegen das Leichenhaus und das Trauerhaus (dieses ist leicht nach rechts versetzt, um das nicht völlig perfekte Quadrat des Grundrisses auszugleichen), die zugleich das Ende des Ensembles versinnbildlichen.

Trotz ihrer offensichtlichen kompositorischen Strenge ist die gesamte Anlage äußerst abwechslungsreich gestaltet und zeugt vom großen Einfallsreichtum des Architekten, der den starken Gegensatz zwischen den vorderen und hinteren Bereichen beidseitig des zentralen Dienstgebäudes gekonnt zu nutzen wußte. So spielt er beispielsweise gezielt mit den unterschiedlichen Neigungswinkeln der Hauptachse, die stetig und gleichmäßig ansteigt, und der Nebenachse, deren Gefälle ausgeprägter ist, so daß der erhöhte Teil der Anlage den Blick auf die unteren Pavillons erlaubt. Zweifellos ließ sich Domènech i Montaner beim Entwurf des Hospitals von den Lageplänen Pariser Krankenhäuser, namentlich von Charles Questels Krankenhaus Sainte-Anne (1863–1867), inspirieren. Weitaus subtiler jedoch als dieser gestaltet Domènech i Montaner die Anordnung von Außenanlagen und Innenräumen und die Folge der Ausblicke vom Inneren des Hospitals nach außen.

Die Schönheit der Außenanlagen geht einher mit einer abwechslungsreichen ornamentalen Gestaltung der Fassaden. Als ein Teil eines in seiner Gesamtheit imposanten Krankenhausparks ist jeder einzelne Pavillon eine in Material und Dekor individuell gestaltete Einheit. Der Baukörper, bestehend aus einem im Grundriß rechteckigen Saal mit einer vorgelagerten Rotunde und einem terrassenförmigen, von einem Türmchen flankierten Vorbau, ist bei jedem Pavillon gleich. Der Saal dient dem Aufenthalt der Patienten, der Vorbau als Eingang und die Rotunde als Untersuchungsraum. Dank der mächtigen Fensterfronten ist für ausreichendes Licht gesorgt. In der Gestaltung der Bauglieder allerdings ist jeder Pavillon anders. So ruhen die Kuppeln aus glasierten Ziegeln auf verschiedenen, durch Fialen rhythmisch gegliederten Arkaturen oder auf einer Wechselfolge von Kleeblattbogen und Tabernakeln. Farben und Proportionen erfahren eine subtile Abstufung, passen sich dem Gefälle des Geländes an und werden so zu einem wesentlichen Gestaltungselement der Gesamtkomposition.

Freilich verfolgte Domènech i Montaner mit dieser phantasievollen Gestaltung auch einen ganz bestimmten Zweck; sie gibt uns Hinweise auf die hygienischen Anforderungen, die an Krankenhäuser im ausgehenden 19. Jahrhundert gestellt wurden. Der kreisförmige Grundriß der Untersuchungssäle entstand in Anlehnung an das zwischen 1870 und 1880 von Bæckelmans erbaute Zivilkrankenhaus von Antwerpen oder an das Londoner Militärkrankenhaus (Andrew Clarke und E. Ingress Bell, 1883). Die „kaminförmige" Gestalt hatte vornehmlich die Aufgabe, die Gemeinschaftssäle der Patienten aus hygienischen Gründen zu entlüften. Aufgrund ähnlicher Überlegungen greift das spitzbogige Profil der Gewölbedecke in den Krankensälen auf ein Konstruktionsprinzip von Casimir Tollet aus dem Jahre 1872[7] zurück, mit dem eine verbesserte Belüftung erzielt werden sollte. Der Rhythmus der Dachlandschaft wird zudem von zahlreichen Ventilationskaminen bestimmt, die – in Anlehnung an Labrouste und Louis Duc – ebenfalls dazu dienten, die Luftzirkulation in den Krankensälen zu beschleunigen.

Lluís Domènech i Montaner
Hospital de la Santa Creu i Sant Pau
Barcelona, 1902–1911 (erster Bauabschnitt)
Pavillons der chirurgischen Abteilung, 1903–1911
Eckturm, Kleeblattfenster

Lluís Domènech i Montaner
Hospital de la Santa Creu i Sant Pau
Barcelona, 1902–1911 (erster Bauabschnitt)
Pavillons der chirurgischen Abteilung,
1903–1911
Eckturm, farbig verglaste Fenster
im Konsultationsraum

Das Bestreben, den hygienischen Ansprüchen zu genügen, ist allgegenwärtig und bestimmte die einzelnen Baukörper bis ins Detail. Beispiele dieser Bemühungen sind die gewölbten Decken der Krankensäle, deren ungewöhnliche Raumhöhe, die wie im Pariser Krankenhaus Lariboisière mehr als fünf Meter beträgt, und die über zwei Geschosse reichenden Fensterfronten mit französischen Fenstern unten und bis ins Gewölbe reichenden Fenstern im Zwischengeschoß. Große „Persiennes" sollten zudem die Innenräume vor der unerbittlichen Sonne schützen. Aus denselben hygienischen Überlegungen wurden Wände, Böden und Decken vollständig mit glasierter Keramik verkleidet, um auf diese Weise der Übertragung von Krankheitserregern vorzubeugen.

Eine Hauptschwierigkeit bei dieser aus freistehenden Pavillons zusammengesetzten Krankenhausanlage bestand in der Verbindung der verschiedenen Gebäude untereinander. Domènech i Montaner kam auf die großartige Idee, dieses Problem durch die Einrichtung unterirdisch angelegter Versorgungsgänge und Korridore zu lösen. Die Zugänge zu diesem Tunnelsystem vor jedem Pavillon sind übrigens architektonisch sehr einfallsreich und wirkungsvoll gestaltet.

Die gesamte Anlage, die sich vorbehaltlos hygienischen Anforderungen unterordnet, ist bis ins letzte Detail zweckgerichtet. Selbst die zahlreichen ikonographischen Hinweise wie etwa die in Mosaik gearbeiteten historischen Motiven, die steinernen Schutzheiligen der einzelnen Pavillons, die Monogramme auf den Wappen Kataloniens oder die Initialen – das „G" steht übrigens für Pau Gil, den großzügigen Gönner des Hospitals –, verfolgen einen ganz bestimmten Zweck und verweisen auf die Bestimmung des Krankenhauses oder sind Hinweise auf das heimische Kulturerbe. Der Gebäudekomplex ist eine großartige Demonstration der katalanischen Baukunst und vereint gekonnt Anforderungen des Gesundheitswesens mit den künstlerischen Ansprüchen der zeitgenössischen Architektur. Das Hospital de Sant Pau ist letztlich auch ein Beispiel dafür, daß der Jugendstil sich nicht auf das „Dekorative" reduzieren läßt, sondern es durchaus verstand, das Dekor sinnvoll und funktional in ein Gesamtprojekt zu integrieren.

Hospitales
de la
Santa Creu
y de
San Pablo
Barcelona

Lluís Domènech i Montaner
Hospital de la Santa Creu i Sant Pau
Barcelona, 1902–1911 (erster Bauabschnitt)

Gegenüberliegende Seite
Oben Links:
Perspektivischer Lageplan

Verwaltungspavillon, 1903–1909
Gegenüberliegende Seite Oben
Rechts und Unten:
Fassade des Hauptgebäudes
Oben:
Belfried
Rechts:
Aufriß

Links und Unten:
Lluís Domènech i Montaner
Hospital de la Santa Creu i Sant Pau
Barcelona, 1902–1911 (erster Bauabschnitt)
Verwaltungspavillon, 1903–1909
Farbig verglaste Fenster des Seitenflügels, Bleiverglasung von Antoni Rigalt i Blanch, Mosaik von Lluís Bru i Salellas

Oben:
Lluís Domènech i Montaner
Hospital de la Santa Creu i Sant Pau
Barcelona, 1902–1911 (erster Bauabschnitt)
Verwaltungspavillon, 1903–1909
Wappen am Hauptgebäude, Skulpturen von Eusebi Arnau i Mascort, Ornamente von Francesc Modolell

1910
A
1905

Lluís Domènech i Montaner
Hospital de la Santa Creu i Sant Pau
Barcelona, 1902–1911 (erster Bauabschnitt)
Verwaltungspavillon, 1903–1909
Haupthalle

Gegenüberliegende Seite oben:
Engel von Pau Gargallo
Oben und gegenüberliegende Seite unten:
Gewölbekuppeln
Rechts:
Querschnitt

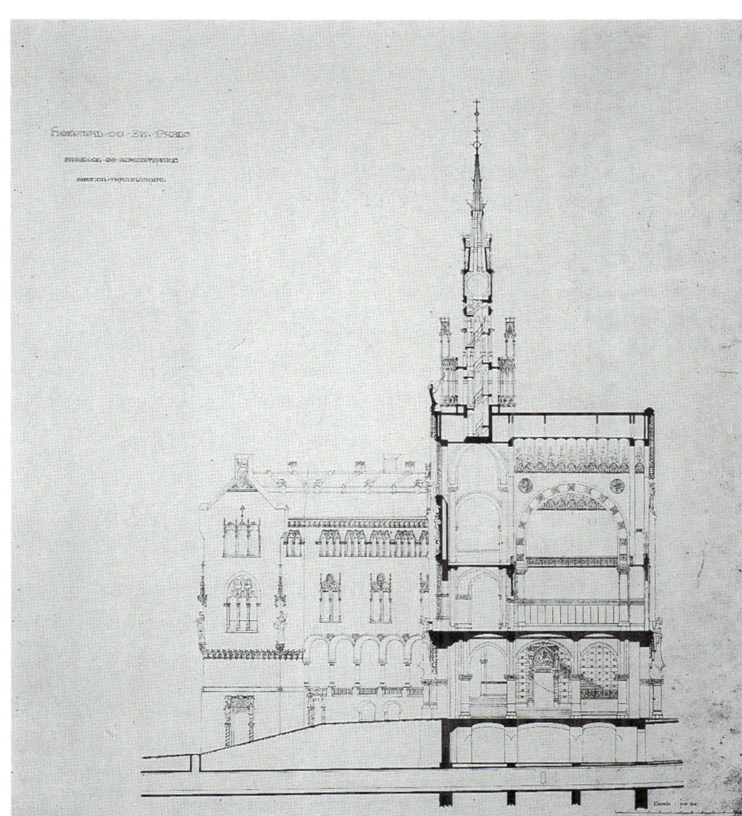

Links:
Große Moschee von Cordoba
Seitenkuppel vor dem Mihrab d'al-Hakam II.,
965–968

OBEN UND GEGENÜBERLIEGENDE SEITE UNTEN:
Lluís Domènech i Montaner
Hospital de la Santa Creu i Sant Pau
Barcelona, 1902–1911 (erster Bauabschnitt)
Verwaltungspavillon, 1903–1909
Große Treppe der Haupthalle
Ansicht des Gewölbes und der Gewölbeverglasung,
Bleiverglasung von Antoni Rigalt i Blanch

Lluís Domènech i Montaner
Hospital de la Santa Creu i Sant Pau
Barcelona, 1902–1911 (erster Bauabschnitt)
Verwaltungspavillon, 1903–1909
Sala d'Actes

OBEN UND GEGENÜBERLIEGENDE SEITE:
Gesamt- und Detailansicht des Gewölbes
LINKS:
Ansicht

Links und Oben:
Lluís Domènech i Montaner
Hospital de la Santa Creu i Sant Pau
Barcelona, 1902–1911 (erster Bauabschnitt)
Verwaltungspavillon, 1903–1909
Sala d'Actes
Galeriebrüstung

Lluís Domènech i Montaner
Hospital de la Santa Creu i Sant Pau
Barcelona, 1902–1911 (erster Bauabschnitt)
Verwaltungspavillon, 1903–1909
Sala d'Actes

RECHTS:
Wandschmuck
UNTEN:
Draperien in Trompe l'œil,
Mosaik von Mario Maragliano nach
Vorzeichnungen von Francisco Labarta,
Keramiken von Francesc Lata

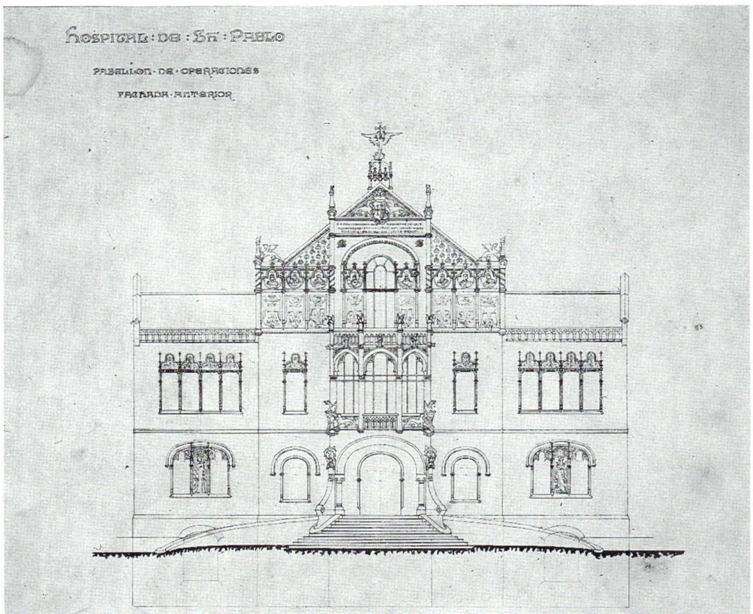
HOSPITAL : DE : SN : PABLO
PABELLON · DE · OPERACIONES
FACHADA · ANTERIOR

Lluís Domènech i Montaner
Hospital de la Santa Creu i Sant Pau
Barcelona, 1902–1911 (erster Bauabschnitt)
Operationsgebäude der chirurgischen Abteilung,
1903–1911

Rechts und Gegenüberliegende Seite Oben Links:
Aufriß der Haupt- und Seitenansicht
Gegenüberliegende Seite Oben Rechts:
Giebel des Mittelrisalits der Südwestfassade
Gegenüberliegende Seite Unten:
Zufahrt und Seitenpavillons
Oben:
Engel am Eingang,
Skulptur von Pau Gargallo

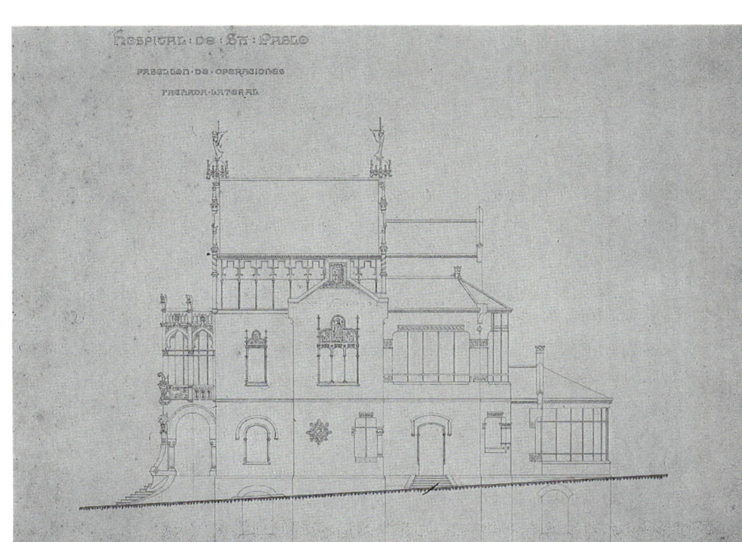

HOSPITAL · DE · LA · STA · CRUZ
PABELLÓN · DE · DOS · PISOS · DE · DOS · SALAS
Escala 1 por 100

Lluís Domènech i Montaner
Hospital de la Santa Creu i Sant Pau
Barcelona, 1902–1911 (erster Bauabschnitt)
Pavillons der chirurgischen Abteilung,
1903–1911

GEGENÜBERLIEGENDE SEITE OBEN:
Aufriß der Hauptfassade
OBEN UND GEGENÜBERLIEGENDE
SEITE UNTEN:
Kuppeln der Ecktürme
RECHTS:
Kuppel in einem Konsultationsraum

Lluís Domènech i Montaner
Hospital de la Santa Creu i Sant Pau
Barcelona, 1902–1911 (erster Bauabschnitt)
Pavillon der chirurgischen Abteilung (Sant Leopold), 1903–1911

LINKS UND OBEN:
Portalrahmung
GEGENÜBERLIEGENDE SEITE:
Figurenbaldachin über dem Eingang, Skulpturen von Eusebi Arnau i Mascort

5
Die Trilogie der Moderne

In ihrer ausschließlichen Begrenzung auf die Form gestand die moderne Kunst implizit ihre eigenen Grenzen ein, konnte doch die heftig geführte Kontroverse über Struktur und Ornament, über einen konzeptionellen oder künstlerischen Ansatz in der Architektur auf die offene Frage nach der wahren Bedeutung und dem eigentlichen Sinn des künstlerischen Ausdrucks keine befriedigende Antwort geben (Symbolismus und Surrealismus haben gleichermaßen mit Nachdruck auf diese Tatsache hingewiesen). Schiwas drittem Auge gleich, ist das „dritte Auge der Kunst" die Sicht der Welt mit den Augen der Seele. Eine neue Formensprache scheint nur dann berechtigt, wenn sie den tieferen Sinn des Werkes zum Ausdruck bringt. Dieser Anspruch stellt sich in jedem Diskurs über Kunst erneut und wird zur belastenden metaphysischen Aufgabe: Dem modernen Menschen fällt es bereits schwer genug, innerhalb der Antithese von Körper und Geist, von Sinnlichkeit und Denken seinen Platz zu finden, als daß er sich auch noch um die Bedeutung der Seele in seinem Dasein kümmern kann. Und doch wird sich die Kunst des 20. Jahrhunderts an dieser Frage spalten und sich als unfähig erweisen, diese Gegensätze in einer Synthese, die sie sich von der neuen Zeit erhofft hatte, zu versöhnen.

„Antoni Gaudí", schreibt Siegfried Giedion, „ist der große Vorfahr der organischen Architektur, wie wir sie heute kennen. Bei Gaudí verbindet sich der sichere Instinkt des Baumeisters mit kühner künstlerischer Vision. Er hat eine Vielzahl von Einflüssen seiner Region aufgenommen und verarbeitet: Gotik, Churriguerismus und maurische Azulejos. Sein künstlerisches Werk ist aber zugleich beseelt vom fortwährenden Wunsch nach einer neuen architektonisch-schöpferischen Formensprache, die ihren Zenit im ersten Jahrzehnt des 20. Jahrhunderts erreicht."[1] Giedions Diktum ist getragen von der Hoffnung auf eine neue organische Einheit in der Architektur, und zu Recht sieht er in Antoni Gaudí den Begründer dieser Bewegung. In dem künstlerisch so lebendigen letzten Viertel des 19. Jahrhunderts war Barcelona die Stadt, in der dieser außergewöhnliche Meister des katalanischen Jugendstils seine Genialität zum Ausdruck brachte.

„Das Werk", reflektiert Josep Puig i Cadafalch über sein eigenes Schaffen, „ist das Ergebnis einer gemeinsamen Anstrengung, Frucht der Zusammenarbeit intuitiver Visionäre und besonnener Vordenker, von Meistern und Schülern."[2] Diese indirekte Hommage an seinen Kollegen – den ‚intuitiven Visionär' – ist von tief empfundenem Respekt für eine Künstlergeneration begleitet, der die eigentlichen Begründer des katalanischen „Modernisme" angehörten: Elies Rogent, Joan Martorell, Josep Vilaseca und Lluís Domènech i Montaner, ohne die eine neue Architektursprache undenkbar gewesen wäre. Josep Puig bestätigt mit diesem historischen Hinweis die Bedeutung der Gaudí-Schule und ihres außergewöhnlichen Meisters und macht deren Ausstrahlung auf das Kunstschaffen in Barcelona in den ersten zwanzig Jahren unseres Jahrhunderts deutlich. Es genügt zudem, die von Gaspar Homar i Mezquida für Francesc Vidal (später, unter dem Einfluß von Lluís Domènech, für die Casa Lleó Morera) entworfenen Möbel mit jenen von Antoni Gaudí (für die Casa Calvet und die Güell-Kapelle) oder denen seines Schülers Josep Jujol zu vergleichen, um den grundlegenden Unterschied zwischen einer bloß formalen Vision des Jugendstils und dem von Gaudí angestrebten Konzept zu verstehen. Die Freiheit der Form an sich ergibt allein noch keinen Sinn. Erst wenn die Form den tieferen Sinn des Werkes zum Ausdruck bringt, wenn sie, jenseits der reinen Gefälligkeit, die Rolle der Kunst innerhalb unserer Gesellschaft reflektierend zu vermitteln vermag, gewinnt sie ihre wahre Bedeutung.

Diese Frage beschäftigte Gaudí bis an sein Lebensende, sie schien ihm wesentlicher als alle anderen und ließ ihn nicht mehr ruhen. Wie seine Zeitgenossen, so hatte auch er sich mit der Thematik der angewandten Künste als Grundlage des modernen Kunstschaffens auseinandergesetzt. Als Mitglied des Komitees der im Jahre 1880 in Barcelona durchgeführten Ausstellung für industrielle Kunst kritisierte er vehement das Kopieren historischer Vorbilder mit Hilfe von Meisterwerken aus den Museen. Gegen den herrschenden Eklektizismus beharrte er auf „der Förderung und Entwicklung des allgemeinen und des industriellen Stils"[3] und empfahl die Gründung einer höheren Schule für dekorative Künste, die unter der Leitung der Hochschule für Architektur stehen sollte. Seine Leidenschaft für industrielle Kunst wird in seinen Entwürfen für Gußarbeiten – beispielsweise für den Bau eines imposanten Brunnens auf der Plaça de Catalunya (1877) oder für die Straßenlaternen auf der Plaça Reial von 1878[4] – ebenso sichtbar wie in seinen ersten Bauwerken, zu denen die zwischen 1883 und 1888 errichtete Casa Vicens oder die Finca Güell (1884–1887) gehören. Er nahm mit diesen Arbeiten die im letzten Jahrzehnt des 19. Jahrhunderts ausbrechende Begeisterung des Jugendstils für die dekorativen Künste vorweg.[5]

Paradoxerweise schien sich Gaudí gerade dann von der durch ihn so enthusiastisch unterstützen Kunstauffassung abzuwenden, als diese ihren Siegeszug durch ganz Europa antrat. Die gestalterische Strenge des Palau und der Cava Güell hat wenig mit dem triumphalen neogotischen Stil des *Castell dels Tres Dragons* (das Café-Restaurant der Weltausstellung) von Domènech i Montaner oder des Cafés *Quatre Gat*s von Puig i Cadafalch gemein. Gaudí verlor nicht nur das Interesse am Ornamentalen, seine Arbeit wurde nun zusehends rein architektonisch, so etwa bei der Anordnung der Baukörper und ihrer Einbeziehung in die örtliche Umgebung (Cava Güell) oder bei der Gestaltung der Innenräume, wie beispielsweise bei den transparenten Flächen und dem modulierten Licht im Palau Güell. Sein ganzes Interesse galt nun – ganz im Sinne des Rationalismus – der Struktur an sich. Die außerordentlich reine Formensprache dieser Ingenieurarchitektur sollte die Architekten Francesc Berenguer i Mestres und Joan Rubió i Bellver nachhaltig beeinflussen. Mit einem ausgeprägten Gespür für den Baustoff und einer beinahe methodischen, zuweilen gar verwirrend wirkenden Handschrift setzten sie diesen Stil bis in die dreißiger Jahre fort.

Antoni Gaudí
Casa Milà, genannt „La Pedrera"
(Der Steinbruch)
Barcelona, 1906–1910
Fenster zum Innenhof

Antoni Gaudí
Casa Milà, genannt „La Pedrera"
(Der Steinbruch)
Barcelona, 1906–1910
Dachterrasse
Treppenausgang und Belüftungskamin

Indem er die Konstruktion in den Vordergrund stellte, legte Gaudí stillschweigend die Schwächen einer in Mode gekommenen Bewegung offen, von der er sich selbst abzuwenden begann, da er nun die für sein eigenes, individuelles Schaffen erforderliche Reife besaß. Seine Rückbesinnung auf die rationalistische Tradition war indes äußerst flexibel und vielseitig und weit von bloßer Nachahmung entfernt. Da er jeglichen Formalismus ablehnte, gewann er bald ein reiches Vokabular an neuen und freien Formen. Nach aufmerksamem Studium der *Entretiens sur l'Architecture* von Viollet-le-Duc fand Gaudí zu seiner eigenen Formensprache, deren Originalität und Ausdruckskraft die seiner Zeitgenossen bei weitem übertraf, so begabt diese auch sein mochten. Als Wegbereiter dieser neuen Schule machte er – gegen die rein dekorativen Tendenzen des Jugendstils gewendet – von nun an seinen Einfluß auf seine Schüler geltend.

Doch die von ihm selbst aufgeworfene Frage (die bald in ganz Europa von den Pionieren der modernen Kunst aufgegriffen wurde) ging Gaudí alsbald nicht mehr weit genug. Sie stellte Form und Struktur, Verkleidung und Gerüst einander gegenüber, vertiefte aber dadurch nur um so stärker die Antithese, die der Jugendstil doch gerade zu überwinden hoffte. Gaudí mußte daher erneut auf das Ornament zurückkommen und diesem die gleiche konzeptionelle und formale Freiheit verleihen, die er für die Struktur bereits gewonnen hatte. Bei dieser Aufgabe erwies sich seine Zusammenarbeit mit Josep Maria Jujol i Gibert, der sein engster Mitarbeiter bei den wichtigsten Bauvorhaben des Jahrhunderts werden sollte (Parc Güell, Casa Batlló und Casa Milà) und der ein Bildhauer und Kolorist von herausragendem Talent war, als entscheidend. Jujol arbeitete intensiv an der Gestaltung der von Gaudí entworfenen Formen mit und verlieh ihnen jene Freiheit und plastische Kohärenz, die ihren unvergleichlichen Charakter ausmachen.

Die gemeinsame Leidenschaft für organische Formen und Strukturen, die sich aus dem Gedankengut Sempers herleitete (das seinerseits auf die Evolutionstheorie von Lamarck und Darwin zurückging), trieb beide dazu, eifrig Pflanzen, Steine, Knochen und Muscheln als mögliche Vorlagen für Formmotive zu sammeln. Zusammen arbeiteten sie dann so lange an einem Projekt, bis sich auch das kleinste Detail aufs Harmonischste in die Einheit von Raum und Struktur einfügte. Die Erfahrungen dieser schöpferischen Zusammenarbeit mit Gaudí prägten das gesamte spätere Schaffen Jujols, und seine Werke wie Vistabella und Montserrat zeugen von einer Originalität, die der des Meisters nahekommt.

Nach Überwindung der Antithese von Struktur und Ornament gelang Gaudi nicht nur die formale Einheit seiner Architektur. Er versuchte fortan, diese als Mittel des schöpferischen Prozesses schlechthin zu nutzen. Hierbei verfolgte er einen einzigartigen Ansatz, der der Architektur eine weitaus höhere Bedeutung beimaß, als dies bisher der Fall gewesen war. Für gewöhnlich bedeutete ein Bauwerk nichts weiter als Ausdruck der Macht, Lust am Besitz oder Identifikationssymbol einer sozialen Gruppe. Doch Gaudís Ambitionen gingen weiter, er wollte der Architektur eine Sprache lehren, deren Vokabular sich nicht auf Begriffe wie Selbstdarstellung, Lust oder Gruppensymbol beschränkte, sondern zu einer Ausdrucksfülle gleich der Poesie oder Literatur fand. Ein ehrgeiziges Ansinnen, gewiß, ist doch das Schweigen der Steine und Mauern zuweilen ihrem Geschwätz vorzuziehen.

Der Architekt, nun fast fünfzig Jahre alt, konnte bereits auf eine brillante Karriere zurückblicken, als er den Symbolismus für sich entdeckte, obwohl er bereits seit fast fünfundzwanzig Jahren in den Künstlerkreisen von Barcelona durch Ruskins Theorie, Wagners Musik, William Morris' Tapeten oder Rossettis Bilder mit diesem in Berührung gekommen war.[6] Um die Jahrhundertwende gewann die Theorie des Kunstkritikers Ruskin neue Aktualität. Sein Tod im Jahre 1900 fiel mit dem Erscheinen des Werkes *Ruskin ou la Religion de la Beauté*[7] von Robert de la Sizeranne und mit dem Abdruck der Übersetzungen von Marcel Proust im Mercure de France zusammen. 1888 schrieb Joris-Karl Huysmans *La Cathedrale*, ein aufgrund seiner Verwandtschaft zu Gaudís mystischer Sagrada Família beachtenswertes Werk. Von den Thesen Adolphe Didrons über die „Kathedrale als Spiegel der Welt" inspiriert, zeichnete Huysmans das wohl eindrücklichste Bild, das je über die Symbolik in Architektur und Kunst des Mittelalters geschaffen wurde, und entwarf in Anlehnung an die Kathedrale von Chartres eine literarische Fassung der „synthetischen Kathedrale", von deren baulicher Verwirklichung die Architekten Boileau und Viollet-le-Duc geträumt hatten.

Nun schien die Zeit reif, an die Realisierung dieses Traumes in Barcelona zu denken. Ein wahrlich gigantisches Projekt, mit dem Gaudí bis zu seinem letzten Atemzug beschäftigt sein sollte. Die Kapelle Güell[8] bot ihm Gelegenheit, das Bauvorhaben in kleinem Maßstab zu erproben, wenngleich die Kapelle nie über den Bau der Krypta hinauskam. Dieses Werk ist nicht nur durch das angewandte eigenwillige Verfahren zur Berechnung der statischen Verhältnisse außergewöhnlich (eine Modellkonstruktion aus Eisendraht, Bindfäden und mit Schrotkugeln gefüllten Säckchen, die zur Bestimmung der Gestalt der Gewölbe und der Neigung der Stützen umgekehrt an die Decke gehängt wurden), auch die symbolisch-mystische Aussage (über die Trinität, Leben und Tod Christi) nimmt nun in seinem Schaffen eine herausragende Stellung ein. In noch höherem Maße sollte die gleiche emotionale Erfahrung von Form und Raum Gaudí beim Bau der Sagrada Família leiten, die eine kühne

Francesc Berenguer i Mestres
Antoni Gaudí
Cave Güell
Garraf, 1895–1901
Skizze von Francesc Berenguer

Synthese[9] der ausgewogenen gotischen Architektur und seiner mystischen Vision der religiösen Ikonographie darstellt. Auch beim Bau des Parc Güell – einer gleichsam pantheistischen Hymne an die Natur – und der Casa Milà, einer rätselhaften Meditation über die Geheimnisse des Rosenkranzes, gewinnt diese emotionale Erfahrung von Form und Raum Gestalt.

Diese Hinwendung des Architekten zur Mystik irritierte manchen Kritiker. Entweder erkannten sie in Gaudí den Poeten und reinen Konstrukteur, oder sie hielten ihn schlicht für einen verrückt gewordenen Phantasten. Die Vieldeutigkeit seines architektonischen Ansatzes erlaubte in der Folge so unterschiedlichen Persönlichkeiten wie Le Corbusier und Salvador Dalí (oder Jørn Utzon und Philip Johnson), sich als seine Nachfolger zu verstehen. Wie dem auch sei, die kontroverse Einschätzung seiner Arbeiten zeugt jedenfalls vom schöpferischen Reichtum Gaudís, der wie sein Schüler Josep Maria Jujol die Sprache „des Surrealismus, Barock, Expressionismus und der abstrakten Kunst ebenso souverän beherrschte wie die der Volkskunst".[10]

Das Kritikerurteil führt uns freilich zu der grundlegenderen Frage nach der Modernität Gaudís, der ja nicht nur Erbe des konstruktiven Rationalismus und des europäischen Jugendstils war, sondern der Architektur neue Wege weisen sollte. Es ist durchaus legitim, sein Werk mit den Arbeiten des Blauen Reiters, insbesondere mit der Malerei Kandinskys, zu vergleichen, deren formale Abstraktion und expressionistische Ausdruckskraft es allemal erreicht. War Gaudí möglicherweise gar Wegbereiter des Übergangs vom Jugendstil zum Expressionsmus? Die Frage ist nicht nur berechtigt, sie stellt das Schaffen Gaudís zwischen 1900 und 1910 auch in einen neuen kunsthistorischen Zusammenhang, der eine weniger extreme und marginale Einschätzung seiner Arbeit zuläßt, als dies bis heute der Fall ist. Sie erlaubt ein tieferes Verständnis der Wechselwirkung seiner baukünstlerischen Reflexionen mit den avantgardistischen Bewegungen in den anderen bedeutenden Kunstzentren Europas und wirft ein klärendes Licht auf die Bedeutung der doch recht ungewöhnlichen Arbeiten seiner Schüler.

Zum Schluß wollen wir daran erinnern, daß die große, 1910 von der Société nationale des Beaux-Arts anläßlich der Pariser Herbstmesse organisierte Ausstellung zu Ehren Antoni Gaudís auf Initiative eines anderen großen Architekten zustande kam, der ebenfalls um die Jahrhundertwende tätig war: Anatole de Baudot. So wundert es wenig, daß dieser Schüler Viollet-le-Ducs, ein Verfechter des Stahlbetonbaus und Verfasser von *L'Architecture, le Passé et le Présent*, sich in Gaudí, dem wohl einfallsreichsten Erfinder neuer Formen seiner Generation, wiederzuerkennen glaubte. In der Weimarer Republik übernahmen Hermann Finsterlin, Hans Scharoun und Bruno Taut das legitime Erbe dieser intuitiven und leidenschaftlich-sinnlichen Vision von Architektur als Gesamtkunstwerk. Gaudís Arbeit überstrahlte eine ganze Epoche.

Antoni Gaudí
Sühnekirche Sagrada Família
Barcelona, 1883–1926
Weihnachtsfassade
Detail eines Turms, 1903–1926

Der Baukörper, das Licht und die Umgebung

In der Vergangenheit sah sich die architektonische Tradition kaum jemals in Frage gestellt. Nach allgemeinem Verständnis war das Bauwerk ein wie immer gearteter Baukörper mit einer mehr oder weniger verzierten Fassade. Erst mit der aufkommenden neuen Architektur tauchten auch hier in der Bildhauerei und Malerei längst bekannte, rein künstlerische Fragestellungen auf, die den Blick der Architekten auf ihr eigenes Werk grundlegend ändern sollten.

Francesc Berenguer und Antoni Gaudí ließen sich bei ihrem Entwurf für Eusebi Güells Weinkellerei Garraf in der Nähe von Sitges – einer Gegend, die bei den Künstlern jener Generation sehr beliebt war – insbesondere von der rauhen Schönheit des Ortes am Meer inspirieren. Das langgestreckte Gebäude, das von einem an der Seite fast bis zum Boden reichenden, oben spitz zulaufenden Dach dominiert wird, erinnert an eine Spielart des mittelalterlichen Adelshauses. Die Linien der Grate folgen der steil abfallenden Silhouette der steinigen Landschaft, bis sie sich in der unendlichen Weite des Meeres verlieren.

Im Bauwerk selbst wird ein erstaunlicher Formenreichtum sichtbar. Die Transparenz der offenen Vorhalle, der Zinnenkranz und die Silhouette des kleinen Türmchens gehen einher mit einer völlig unerwarteten Raumaufteilung im Innern. Im Erdgeschoß befinden sich die Dienstgebäude (Einstellraum, Lagerkeller und Pförtnerhäuschen), im Stockwerk darüber die durch eine Zwischenwand ungewöhnlich gegliederten Wohnräume des Besitzers, und darüber, im Dachgeschoß, eine kleine Kapelle und eine Loggia mit herrlichem Blick auf das Mittelmeer. Die Kapelle und ihr Altar bestimmen die Architektur des gesamten Gebäudes und erklären die ungewöhnliche innere Aufteilung der Räume und auch die eigentümliche Bretesche.

Francesc Berenguer i Mestres
Antoni Gaudí
Cave Güell
Garraf, 1895–1901

Oben:
Pförtnerhaus
Links:
Ansicht des Eingangsbereichs
Gegenüberliegende Seite:
Südfassade

Francesc Berenguer i Mestres
Antoni Gaudí
Cave Güell
Garraf, 1895–1901

Gegenüberliegende Seite:
Glockenturm
Oben:
„Bretesche“
Links:
Detail des Portals

Die Gesamtplanung bis hin zum kleinsten Detail ist getragen von dieser einen gestalterischen Idee, der das Werk seine außergewöhnliche künstlerische Reinheit verdankt.

Aus dem gleichen Geist entstand das Landhaus Bellesguard bei Barcelona, das wie eine Burg stolz und trotzig in der Landschaft steht, deren Pechnasen eher zum beschaulichen Ausblick auf das großartige Panorama als zur „Verteidigung der Anlage" einladen. Die äußere Strenge des Baukörpers aus rauhen, ockerfarbenen und grünlichen Bruchsteinen, die auch für das Dach verwendet wurden, erfährt allein durch das leicht auskragende Treppenhaus und das schwach abgeschrägte bow-window eine gewisse Auflockerung.

Auffällig ist der starke Gegensatz zwischen dieser abweisenden Außengestaltung und dem sanften, lichtdurchfluteten milchigen Weiß im Innern. Bei der inneren Erschließung berücksichtige Gaudí sehr subtil den Blick von innen nach außen sowie die Ausrichtung des Gebäudes: Der Entwurf des großen, spiralförmig aufsteigenden Treppenhauses, das auf der hinteren Seite des Hauses die auf Zwischengeschossen liegenden Nutzräume erschließt, um die der Sonne und Landschaft zugewandte Seite für die drei großen, regelmäßigen Räume auf dem Piano nobile nutzen zu können, ist eine Anlehnung Gaudís an zwei von Victor Horta in Brüssel erbaute Hotels. Auch bei diesem Entwurf des katalanischen Meisters sind alle Bauglieder der Beziehung zwischen Innen und Außen untergeordnet, ein Leitbild, das für die harmonische Einbettung des Bauwerkes in seine natürliche Umgebung sorgt.

Antoni Gaudí
Torre Figueras, genannt „Bellesguard"
Barcelona, 1900–1902

Gegenüberliegende Seite:
Eckansicht der Südost- und Südwestfassade
Oben:
Dachzinnen
Rechts:
Südwestfassade

Antoni Gaudí
Torre Figueras, genannt „Bellesguard"
Barcelona, 1900–1902

Oben, Links und
Gegenüberliegende Seite Oben:
Konstruktion des Dachgewölbes
Gegenüberliegende Seite Unten:
Treppenhaus

Links:
Joan Rubió i Bellver
Casa Rialp
Barcelona, 1908–1910
Belvedere

Unten und Gegenüberliegende Seite Unten:
Joan Rubió i Bellver
Casa Golferichs
Barcelona, 1900–1901
Fassade zum Carrer Viladomat
Eckloggia und Fenster

Joan Rubió i Bellver

In dem Bestreben, sich vom konstruktiven Rationalismus des 19. Jahrhunderts zu lösen, bevorzugte die neue Schule des katalanischen „Modernisme" eine betont plastische Gestaltung der architektonischen Form. Zwar suchte sie den Dialog mit ihren geschichtlichen Wurzeln, indem sie auch auf historische Vorbilder interpretierende Figuren und Formen zurückgriff, wandte sich jedoch entschieden gegen jegliche historisierende Nachahmung.

Joan Rubió i Bellver, ein Schüler Gaudís, gestaltete die Beziehung zwischen Bauglied und Baukörper weniger kühn als sein Meister, doch fand er stets zu einem harmonischen Gesamteindruck: So unterstreichen bei der Casa Golferichs die durch das vorkragende Dach vergrößerte Eckloggia, die spielerisch geschwungene Linienführung des Belvedere und die als zentrales Gestaltungselement wiederholt eingesetzte vertikale oder schräge Schraffierung bei Bögen, Maueröffnungen und Dach den Gesamteindruck und bilden gemeinsam einen subtilen Wohlklang. Selbst seine Spätwerke, die er am Ende seiner beruflichen Laufbahn als Restaurator mittelalterlicher Monumente baute, bestechen durch ihre vollendete künstlerische Harmonie. Bei der Kapelle des Asils del Sant Crist in Igualada fügen sich die einzelnen Details so innig zusammen, daß sie hinter dem skurrilen, hellockerfarbenen und von Schatten gezeichneten Mauergefüge vollkommen zurücktreten. Mit diesem Werk gelang Joan Rubió eine schlichte, aber höchst eindrucksvolle harmonische Komposition, die dem zur Obsession gewordenen Überfluß an Ornamentierung geschickt entgeht.

Oben:
Joan Rubió i Bellver
Casa Manuel Dolcet
Barcelona, 1906–1907
Gesamtansicht

Rechts und Gegenüberliegende Seite:
Joan Rubió i Bellver
Casa Roviralta, genannt „El Frare Blanc“
Barcelona, 1903–1913
Fassade zur Avinguda del Tibidabo
Gesamtansicht und Ausschnitt des offenen Dachgeschosses

Oben:
Joan Rubió i Bellver
Asil del Sant Crist
Igualada, 1931
Südostfassade
Mitteltei

Die organische Form

Treten konstruktive Überlegungen zugunsten einer plastischen Gestaltung der Form in den Hintergrund, wird das Bauwerk zur reinen Skulptur, besonders dann, wenn die architektonische Skulptur jeder konkret-figürlichen Darstellung entsagt. Gaudís Casa Milà verzichtet – im Gegensatz etwa zur Freiheitsstatue von Bartholdi in New York – auf jede figurative Darstellung. Vielmehr erinnert diese gewaltige architektonische Poesie an das Geheimnisvolle aquatischer Grotten, an die organischen Formen vom Meer angespülter Muscheln, an die fließende Bewegung treibenden Seetangs.

Man kann zwar über die fremdartige Sinnlichkeit dieser geschwungenen Linien lächeln, kommt aber nicht umhin, die Virtuosität und vollkommene Beherrschung des Formenrepertoires zu würdigen, die ein in seiner plastischen Harmonie unübertroffenes Bauwerk entstehen ließ. Das Werk Gaudís wird hier zum Gesamtkunstwerk, das nicht mehr erlaubt, die einzelnen Elemente isoliert zu betrachten. Von der Ikonographie bis zur Konstruktion, von der Form in ihrer Gesamtheit bis hin zum kleinsten Detail: Alles ist aufs Innigste aufeinander abgestimmt und bezogen.

Auf eine gewisse Weise hat das Kunstschaffen Gaudís jede architektonische Grenze hinter sich gelassen. Symbolik und Konstruktion, Raum und Struktur, Masse und Volumen, Silhouette und Ornament: Alles wird eins. Selbst die Grenzen zwischen Natur und Architektur werden fließend und verwischen sich (der Parc Güell ist ein gutes Beispiel hierfür), so sehr erscheinen beide als Ausdruck der einen Idee, die jenseits des menschlichen Wollens, jenseits von Raum und Zeit liegt. Die für den reifen Gaudí so charakteristische Behandlung des Details unterstreicht seine vollkommene Beherrschung der Konstruktion und zeugt von seinem schier unerschöpflichen plastischen Ideenreichtum.

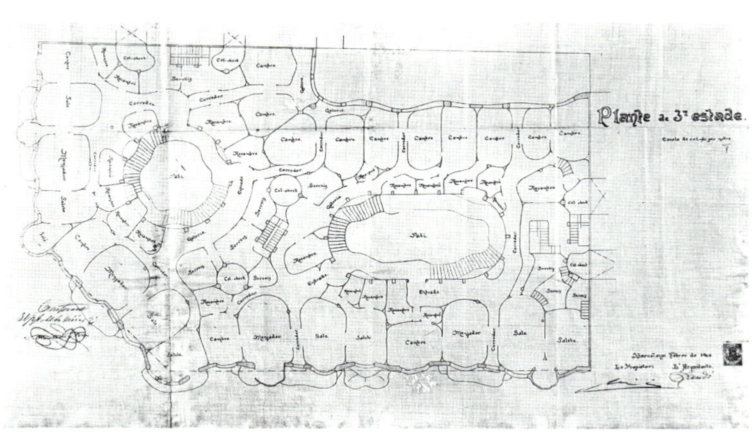

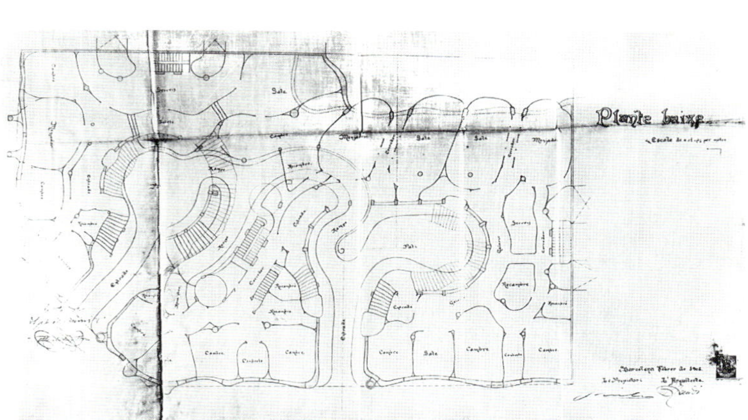

Antoni Gaudí
Casa Milà, genannt „La Pedrera"
Barcelona, 1906–1910

Oben und gegenüberliegende Seite:
Fassade zum Passeig de Gràcia
Mitte und links:
Grundriß der dritten Etage und des Erdgeschosses

Antoni Gaudí
Casa Milà, genannt „La Pedrera“
Barcelona, 1906–1910
Wohnungen auf der ersten Etage

Rechts und Gegenüberliegende Seite Oben:
Decke der Salons, Stuckarbeiten von Josep Maria Jujol i Gibert
Gegenüberliegende Seite Unten:
Detail der Loggia über dem Eingang
Oben:
Schmiedeeiserne Geländer der Balkone

Antoni Gaudí
Parc Güell
Barcelona, 1900–1914

Oben und Gegenüberliegende Seite Oben:
Dächer der Eingangspavillons
Gegenüberliegende Seite Mitte:
Haus des Malers Lluís Graner, 1904

Gegenüberliegende Seite Unten:
Antoni Gaudí
Casa Milà, genannt „La Pedrera"
Barcelona, 1906–1910
Treppenausgang auf die Dachterrasse

Links, Unten und Gegenüberliegende Seite:
Antoni Gaudí
Parc Güell
Barcelona, 1900–1914
Parkterrassen
Spazierweg

Die Struktur

Gaudís Leidenschaft für die Struktur stand seiner Begeisterung für das symbolische Ornament in nichts nach. Eindrückliche Beispiele seines konstruktiven Erfindungsreichtums sind die Sühnekirche Sagrada Família und die Krypta der unvollendet gebliebenen Kapelle Güell in Santa Coloma de Cervelló. Bei der Konstruktion beider Werke griff der Architekt auf ein eigentümliches, empirisch-anschauliches Verfahren zur Berechnung der statischen Verhältnisse zurück: Ein Modell aus Eisendraht, Bindfäden und mit Schrotkugeln gefüllten Säckchen diente ihm zum Entwurf der Struktur.

Bei diesem rein visuellen Entwurf der Konstruktion verbinden sich, scheinbar im Widerspruch zu allen logischen Prinzipien, schräge Pfeiler mit flachen Gewölben und schiefen Decken zu einer Konstruktion aus Stein und Ziegel fern jeder Konvention. Der symbolische Ausdruck ist nicht weniger gegenwärtig als in den skulpturalen Ausschmückungen der Casa Milà: Zahlensymbolik, spiralförmig aufsteigende Formen, dramatische Übergänge von Licht und Volumen fügen sich zusammen zu einer religiösen Symbolik, zur Verherrlichung des Glaubens, die zunehmend ins Zentrum seines Schaffens rückte. Wenn es dennoch eine Disziplin gibt, in der die gedankliche Ordnung schon allein aus Gründen des gesunden Menschenverstandes unverzichtbar ist, dann im Bereich der konstruktiven Rationalität. Doch selbst hier zeigte sich Gaudí innovativ: Mit dem Bau der Krypta legte er die Begrenztheit einer technischen Kultur bloß, die sich auf die Regeln der euklidischen Geometrie beschränkt, und empfahl gänzlich unkonventionelle Konstruktionsprinzipien, deren Logik nicht weniger zu überzeugen vermag.

Antoni Gaudí
Kapelle der Colonia Güell
Santa Coloma de Cervelló, 1898–1915
Krypta (einzig fertiggestellter Teil), 1908–1915

Oben und Gegenüberliegende Seite:
Säulenhalle und Eingang zur Krypta
Rechts:
Skizze der Außenansicht der Kirche

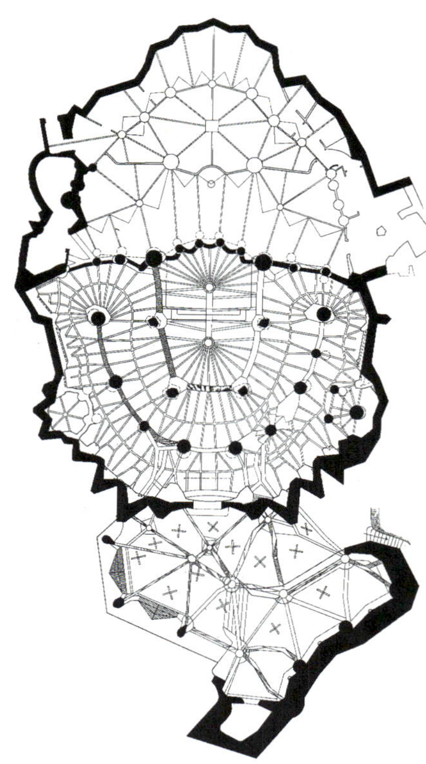

Antoni Gaudí
Kapelle der Colonia Güell
Santa Coloma de Cervelló, 1898–1915
Krypta (einzig fertiggestellter Teil), 1908–1915

Gegenüberliegende Seite oben und unten, rechts und unten:
Details der Säulenstellung und des Gewölbes
Gegenüberliegende Seite Mitte:
Konstruktionsentwurf des Gewölbes

Oben, Unten und
Gegenüberliegende Seite:
Antoni Gaudí
Kapelle der Colonia Güell
Santa Coloma de Cervelló, 1898–1915
Krypta (einzig fertiggestellter Teil), 1908–1915
Farbig verglaste Fenster, vom Inneren der
Krypta und von außen gesehen

Josep Maria Jujol

Auf die rein plastische Interpretation des zeitgenössischen dekorativen Repertoires durch Joan Rubió fand Josep Maria Jujol, ebenfalls ein Schüler Gaudís, im Bereich der Konstruktion eine ebenbürtige Antwort. Einige bemerkenswerte Elemente seines Repertoires übernahm er für den Bau der Kirche del Sagrat Cor in Vistabella. Er wählte hier die Gestalt einer sechseckigen, auf vier Auflagepunkten über der Diagonale eines Rechtecks eingeschriebenen Pyramide. Die Kirche ist eine der schönsten und spätesten Umsetzungen dieser konstruktiven Ästhetik, die von einer genauen Kenntnis der mittelalterlichen Typologie zeugt.

Josep Maria Jujol realisierte das erstaunliche Ensemble dieser „unvollendeten Kapellen" am Ende seiner beruflichen Laufbahn. Zusammen mit dem Sanktuarium von Montserrat verkörpern sie in ihrer Reinheit aufs Vortrefflichste die organischen Strukturen der katalanischen Schule, die in der Verbindung aus Stein und Ziegel ganz ohne Stahlbeton auskam.

Vielen Ingenieuren hätte die Weiterführung dieser auf parabolischen Bögen basierenden Konstruktionen, die auf meisterhafte Art die auf ihr lastenden Kräfte zum Ausdruck bringen, zur Ehre gereicht. Doch nur wenigen unter ihnen wäre wohl eine vergleichbare künstlerische Leistung gelungen.

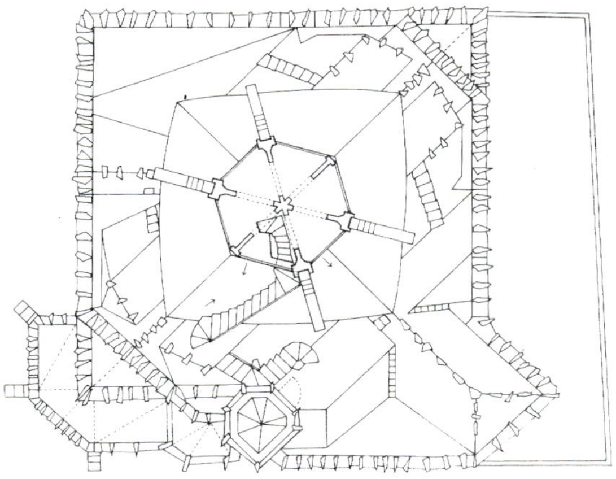

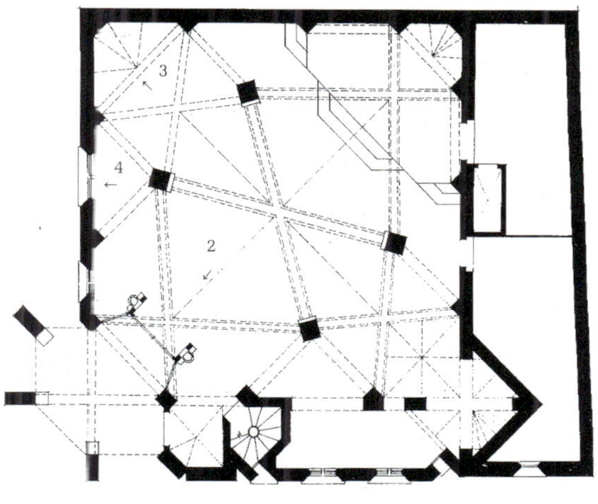

Josep Maria Jujol i Gibert
Kirche del Sagrat Cor
Vistabella, 1918–1923

Gegenüberliegende Seite:
Nordostfassade
Oben:
Detail des Eingangs
Mitte:
Plan der Dachkonstruktion
Rechts:
Grundriß der Kirche

Josep Maria Jujol i Gibert
Santuari de Montserrat (unvollendet)
Montferri, 1926

Ganz Oben und Links:
Konstruktion des Gewölbes
Oben:
Längsschnitt
Gegenüberliegende Seite:
Gesamtansicht

6

Das wiedererwachte Katalonien

Der Regionalismus als architektonische Konzeption[1] ist ein recht ambivalenter Begriff. Nicht nur blieb die Abgrenzung zwischen den beiden Begriffen Regionalismus und Nationalismus über das ganze Ende des letzten Jahrhunderts hinweg verschwommen, auch der Begriffsinhalt wandelte sich allmählich weiter zu einer Art „Ruralismus", der mit den ursprünglichen Intentionen des Regionalismus nicht mehr viel gemein hatte.

Als Domènech i Montaner 1878 auf die Notwendigkeit einer „nationalen" katalanischen Architektur aufmerksam machte[2], waren seine Auffassungen nicht weit von denen entfernt, die Puig i Cadafalch zehn Jahre später äußern sollte. Puig verstand den Regionalismus als einen architektonischen Ansatz, der sich nicht allein gegen Akademismus und Klassizismus richtete, sondern auch die von der spanischen Hauptstadt beanspruchte kulturelle Vormachtstellung in Frage stellte. Die neogotische Ausrichtung der zeitgenössischen Architektur konnte mithin ebenso stolz und selbstbewußt auftreten wie die von ihr verschmähte akademische Tradition. In den darauffolgenden zehn Jahren entwickelte sich die neue Architektursprache vom analytischen Rationalismus hin zur ornamentalen Rhetorik, von der Neogotik zum Jugendstil. Die Konfrontation zwischen akademischer Architektur und neuen Ansätzen brachte einen kunstvollen Stil hervor, der kaum Berührungspunkte mit der einheimischen Tradition der ländlichen Baukunst hatte.

So überrascht es kaum, daß die ersten von Puig i Cadafalch konzipierten Landhäuser sich nicht wesentlich von seinen Stadthäusern unterschieden. Beide trugen zwar baulich den Erfordernissen der modernen Lebensart Rechnung, ließen aber auch historische Bezüge mit einer klar umrissenen mittelalterlichen Typologie erkennen. Der Architekt schien sich eher mit der Behandlung der Räume und Formen beschäftigt zu haben als mit ihrer Umschreibung. Diese blieb der sich an historischen Vorbildern orientierenden akademischen Tradition verhaftet. Typologische Konflikte ergaben sich allenfalls dann, wenn aus einem anderen Zusammenhang bekannte architektonische Muster an die neuen Bedingungen der (städtischen) Raumnutzung angepaßt werden mußten, wie es beispielsweise bei den auf breiten und tiefen Grundstücken gelegenen Mietshäusern mit ihren hohen Mauerfronten und ihrer der mittelalterlichen Baukultur gänzlich fremden Anordnung der Stockwerke der Fall war. Hier sah sich der Baumeister vor die Aufgabe gestellt, zwei in mancherlei Hinsicht widersprüchliche Typologien – die historisch vermittelte und die von der modernen Zeit geforderte – möglichst geschickt miteinander in Einklang zu bringen.

Voraussetzung war, daß eine Synthese dieser widersprüchlichen Anforderungen überhaupt möglich war. Viollet-le-Duc suchte in seiner

Auseinandersetzung mit dem Haussmannschen Ansatz zeit seines Lebens nach einer Antwort auf die Frage, wie die Stilprinzipien des mittelalterlichen Hauses in die Typologie des modernen Wohnhauses zu übertragen seien. Erst recht spät gelang ihm schließlich eine befriedigende Lösung dieses Problems. Weitere Themen seiner theoretischen Bemühungen waren konzeptionelle Fragen hinsichtlich des Mietshauses in der städtischen Häuserzeile und in bezug auf das Landhaus. Er hatte zwar recht klare Vorstellungen über diese beiden Haustypen, die schwierige Anpassung des traditionellen Landhauses an das zeitgemäße freistehende Haus allerdings ist ihm weniger überzeugend gelungen.

„Mein vornehmliches Interesse", schreibt er, „gilt dem ländlichen Haus, ist dies doch die Wohnform für die Mehrzahl der Menschen. Zudem erfreut sich dieser Bautyp seit einem halben Jahrhundert größter Beliebtheit. [...] Wir unterscheiden zwei unterschiedliche Bauarten dieses Haustyps, die ich als die englische und die französische bezeichnen möchte.

Der englische Ansatz zeichnet sich dadurch aus, daß, den Vorlieben und dem Geschmack des Eigentümers entsprechend, mehrere kleine, meist eingeschossige Gebäude mit ein oder zwei Zimmern ohne Rücksicht auf ihre symmetrische Anordnung nebeneinandergestellt werden. Die Höhe dieser kleinen Häuser steht im Verhältnis zu ihren Innenräumen, ihre Fenster sind nach Belieben plaziert und ihre Beziehung zueinander mehr oder weniger geglückt. Diese Gestaltung des ländlichen Hauses verrät unverkennbar den Sinn fürs Praktische, der den Engländern eigen ist.

Der freistehende Baukörper hingegen ist typisch für das französische Landhaus. Er besteht aus einem sachlichen, symmetrisches Hauptgebäude, in dem die verschiedenen Nutzungsbereiche, statt wie bei den Engländern verstreut zu sein, unter einem Dach auf mehreren Stockwerken untergebracht sind. Dies ist eine alte Tradition unseres Landes, die durchaus ihre Vorzüge hat. Das typische Landhaus unserer Regionen ist somit ein verkleinertes Modell des im 16. Jahrhundert entstandenen französischen Lustschlosses, während das Cottage auf den englischen Landsitz des Mittelalters zurückgeht, dessen Wohnbereiche, entsprechend den Bedürfnissen und Vorlieben seiner Bewohner, zerstreut liegen."[3]

Diese historischen Betrachtungen Viollet-le-Ducs über das freistehende Haus in Frankreich bezeugen sein theoretisches Urteilsvermögen und begründen die Fortführung dieser kulturellen Tradition bis in unsere Tage, auch wenn wir heute seine möglicherweise etwas zu eng gefaßte Bezeichnung „französisch" mit „lateinisch" übersetzen würden.

Offen blieb allerdings die Frage, welches architektonische Modell für das freistehende Haus in den sich rasch entwickelnden Vororten der Städte herangezogen werden sollte. Weder konnte die Typologie des Landhauses noch die des Stadthauses ohne Modifikation übernommen werden. Vielmehr mußte für diese urbanen Randzonen ein eigener, neuer Haustyp gefunden werden, der einerseits ländlich-traditionelle Elemente wie die freistehende Lage und die beliebige Ausrichtung des Baukörpers aufgreift, der sich aber gleichzeitig harmonisch in eine Siedlung integrieren muß und so seine gestalterische Autonomie vollkommen verliert.

Auf diese Fragen suchte der Regionalismus eine angemessene Antwort zu finden. Die Aufgabe harrte insbesondere in den städtischen Randzonen einer Lösung, nachdem sich das Problem, wenn auch nicht

Josep Puig i Cadafalch
Casa „El Cros"
El Cros d'Argentona, 1899–1900
Fenstergitter

Josep Puig i Cadafalch
Casa Puig i Cadafalch
Argentona, 1897–1900
Fenstergitter im Stil des islamischen Mushrabbia-Gitters

mit der gleichen Dringlichkeit, bereits in den ab der Mitte des 19. Jahrhunderts errichteten Wohngebieten der Kur- und Badeorte gestellt hatte. Eine mögliche Antwort hatte im ausgehenden 18. Jahrhundert die malerische Tradition durch ihre Rückbesinnung auf die echten, unverfälschten Werte des Landlebens gegeben. Es galt, den neuen Bedürfnissen der gehobenen städtischen Lebensweise entgegenzukommen und gleichzeitig die unverfälschten Werte der ländlichen Tradition zu wahren. Aber weder die pittoresken Schafställe des Trianon oder die im Stile des Berner Alpenlandes gestalteten Chalets von Arcachon noch die normannischen Landhäuser aus der Gegend um Trouville oder Vésinet vermochten mehr als nur eine höchst unzulängliche Vorstellung dieses moralischen Leitbildes[4] abzugeben, dessen Umsetzung die Wohnarchitektur sich nun zur Aufgabe machte. Am Ende des Jahrhunderts waren sich alle Architekten – von Wright bis Muthesius, von Sédille bis Lutyens – ihrer Verantwortung bewußt und bestrebt, eine den neuen Herausforderungen angemessene Antwort zu finden.

Mit dem Beginn des 20. Jahrhunderts entstand folglich ein neuer, zeitgemäßer Regionalismus, der ohne stilistische Zugeständnisse die neuen architektonischen und urbanen Bedürfnisse mit der Ästhetik des traditionellen Landhauses verbinden wollte. Dank des ausgeprägten Bewußtseins für seine eigenständige kulturelle Tradition sollte Katalonien hier eine führende Rolle übernehmen und einen fast nahtlosen Übergang vom archäologisch orientierten zum modernen Regionalismus entwickeln. Einmal mehr war es Josep Puig i Cadafalch, der der Architektur den neuen Weg wies. Puig, der bereits versucht hatte, bauliche Eigenheiten des freistehenden Hauses in das Wohnhaus der städtischen Häuserzeile zu integrieren, machte es sich nun zur Aufgabe, das Landhaus in die Vorstädte Barcelonas zu bringen. Die Casa Avel·lí Trinxet am Carrer Còrsega in Barcelona (1903–1904) bot ihm hierfür die passende Gelegenheit. Er überwand die spätgotische Formensprache seiner vorangegangenen Schaffensperiode und entwarf ein traditionell katalanisches Landhaus, eine sogenannte *Masia*, mit mächtigem Giebel und drei großen, etwas schwerfällig wirkenden Fassadenöffnungen. Das Bauwerk ist in einem volkstümlichen Rokokostil gehalten, der durchaus seine Reize hat.

Josep Maria Jujol i Gibert
Mas Bofarull
Els Pallaresos, 1914–1931
Balkon des Eckturms

Doch diese sich abzeichnenden Veränderungen waren mehr als nur formal-ästhetischer Art, sie verrieten ebenso den Wunsch, eine Lebensweise und einen Wohnstil wieder aufblühen zu lassen, die vor der industriellen Revolution dem Leben auf dem Lande vor den Toren der Stadt entsprochen hatten. Daß sich dabei gotische Elemente und archäologische Bezüge zugunsten einer betont einheimisch-traditionellen Ästhetik verwischten, war ohne Belang. Die symbolische Bedeutung der neuen Formensprache war wichtiger als Stilfragen an sich. Ähnlich wie der Queen-Ann-Stil des frühen 18. Jahrhunderts in England wollte dieser Neorokoko (in vorliegendem Fall handelt es sich eher um einen „neorustikalen" Stil) die Werte und Ideale einer scheinbar zeitlosen Tradition zur Geltung bringen, indem er auch Stilelemente des Mittelalters mit der populären Interpretation des klassischen Vokabulars verband.[5]

In ihrer Verbindung bildeten diese beiden Bezüge eine Art kulturelles Fundament, das Modeströmungen und -stilen gegenüber relativ unempfindlich war. Wichtig war, dieses Fundament durch Anpassung an die moderne Zeit zu neuem Leben zu erwecken, ohne jedoch die objektive, über jeden Zeitgeschmack erhabene, nahezu zeitlose Gültigkeit der tradierten Werte in Frage zu stellen.[6]

Das Eigenartige dieses modernen Regionalismus ist, daß er gleichzeitig zwei augenscheinlich unvereinbare Ziele verfolgte. Zum einen wollte er in die zeitgenössische Architektur regionale Gebräuche und Traditionen integrieren, um eine Kontinuität von Einst und Jetzt, von tradierter Kultur und schöpferischer Innovation herzustellen. Diese Idee geht bereits auf die Anfänge des „Modernisme" zurück, der stets den Bezug zur Vergangenheit und den Entwurf in die Zukunft in einer Synthese zu verbinden trachtete. Zugleich war der Regionalismus aber auch bestrebt, frei jeglicher Nostalgie und historischer Zugeständnisse Spiegelbild der eigenen Epoche zu sein.

Dieses in der Tat paradoxe Bestreben ist ohne Frage eine Reaktion auf den allgegenwärtigen Eklektizismus des 19. Jahrhunderts.[7] Angesichts des überbordenden Stilwucherns war es durchaus sinnvoll, die Beständigkeit wenn schon nicht ästhetischer, so doch ethischer Werte zu betonen, zu denen seit Beginn der Romantik als Reaktion auf die einsetzende industrielle Revolution die Beziehung des Menschen zur Natur als oberstes Prinzip gehörte. Doch ebenso notwendig schien, die Kultur aus den Fesseln der Vergangenheit zu lösen und starre Stilvorgaben zu brechen, um lebendiger Ausdruck der Epoche zu sein. Diese beiden im Kern ethischen Ansätze vereinten sich in Katalonien zu einer kulturellen Strömung, die der Tradition einerseits die bedeutendsten formalen Elemente entlieh, zugleich aber auch die Notwendigkeit erkannte, diese den modernen Gegebenheiten und Anforderungen anzupassen, ähnlich wie es die Renaissance bereits vier Jahrhunderte zuvor versucht hatte.

Das wesentliche Merkmal dieser herrschaftlichen *Masias* in den Vorstädten Barcelonas und in den katalanischen Kurorten ist folglich die Unbekümmertheit, ja zuweilen Leichtfertigkeit, mit der sie die damaligen dekorativen Tendenzen aufnahmen. Die Silhouette der *Masia* mit ihrem mächtigen geschweiften Frontgiebel und dem mit einem Zeltdach geschmückten Belvedere ist die des Landhauses. In der Gestaltung der Details ließen sich die Baumeister vom Jugendstil und anderen zeitgenössischen Strömungen inspirieren, angefangen von späten neogotischen Elementen bis hin zu den internationalen Formen des Wiener Sezessionsstils. Zuweilen kommen gar japanisierende oder kubistische, durch ihre Fremdartigkeit und Eigenwilligkeit oft irritierende Formen ins Spiel.

Während die Architektur als solche verflachte, gewann der Dekor eine zunehmend emblematische Bedeutung. Er wurde zum symbolischen Zeichensystem mit einer für diesen Stil typischen Semantik, die zugleich ländlich und modernistisch war. Im Gegensatz zu den tradierten Formen aber stand hinter diesen Zeichen ein Sinn, sie waren mehr als leere Hüllen: Die Werte, die dieser Dekor vermitteln wollte, waren kollektiv und mehr als nur ausschmückender Kommentar zur Konstruktion oder naiver Symbolismus einer überschwenglichen Ornamentierung. So fremdartig dieser Dekor manchmal auch erscheinen mag – besonders bei Jujol –, seine Bestimmung reichte über die eher bedeutungslose Stilistik des Eklektizismus weit hinaus. Mit seinem poetischen Repertoire wollte er gültige Werte und das Lebensgefühl seiner Zeit vermitteln. Vom Historizismus befreit, reflektiert der katalanische Regionalismus die Erwartungen und Hoffnungen der damaligen Gesellschaft weitaus radikaler und tiefgründiger, als es die archäologische Tradition vor ihm je vermocht hatte. Indes: Indem er seine historische Herkunft verleugnete, offenbarte er auch seine Grenzen.

Josep Maria Jujol i Gibert
Casa Solé
Els Pallaresos, 1927
Fenstergitter

Das krönende Ornament

Die Begeisterung des 19. Jahrhunderts für die wiederentdeckten dekorativen Künste führte wie selbstverständlich dazu, daß sich der Jugendstil vornehmlich die dekorative Gestaltung der Fläche zur Aufgabe machte. War der Dekor bislang ein der Konstruktion untergeordnetes Beiwerk, so avancierte er nun zu einem bedeutenden gestalterischen Element, das eigenen Regeln folgte. Der Dekor in all seinen Spielarten kannte alsbald keine Grenzen mehr.

Die in ihrem Äußeren konventionelle Architektur Puig i Cadafalchs blieb den historischen Vorbildern treu und suchte diese mit Elementen der mittelalterlichen Kultur seines Landes zu verknüpfen. So ließ er sich von den kontrastreichen Lichteffekten der Patios in den mächtigen, im Barri Gòtic von Barcelona erbauten Patrizierhäusern inspirieren, und die betont kubischen Silhouetten seiner Landhäuser mit vier Türmen sind geschickte Adaptationen spätgotischer Vorbilder.

Seine ornamentale Gestaltung geht freilich über den Rahmen des Konventionellen weit hinaus. Ähnlich wie bei Viollet-le-Ducs Werken in Pierrefonds und in Roquetaillade konzentriert sich nun alles auf den Dekor. Er ziert die Dächer mit geriffelten, mehrfarbigen Bändern, gestaltet und betont Fassadenöffnungen, schmückt Mauern und Kamine, ziert Treppengeländer und umrahmt Decken mit einem Spitzensaum, bis schließlich das Ornament den Raum vollkommen dominiert. Das gesamte 19. Jahrhundert, von Owen Jones bis Gottfried Semper, hatte diese Leidenschaft für die dekorative Gestaltung geteilt.

Josep Puig i Cadafalch
Casa „El Cros“
El Cros d'Argentona, 1899–1900

OBEN:
Loggia der Ostfassade
GEGENÜBERLIEGENDE SEITE:
Südfassade und Blick auf den Teich

LINKS:
Josep Puig i Cadafalch
Casa Macaya
Barcelona, 1898–1901
Aufriß

UNTEN:
Josep Puig i Cadafalch
Casa „El Cros“
El Cros d'Argentona, 1899–1900
Eingangshalle

Oben, Rechts und
Gegenüberliegende Seite Oben:
Josep Puig i Cadafalch
Casa Macaya
Barcelona, 1898–1901
Innenhof
Ausschnitte des Treppenhauses

Die katalanischen „Masias“

Nichts konnte dieser das Ornament betonenden Architektur mehr entgegenkommen als die ländliche Bautradition. Hier waren Erschließung und Anordnung der Volumen strengeren Regeln unterworfen als in der raffinierten städtischen Architektur. Wollte der Baumeister dem Gebäude einen individuellen Ausdruck verleihen, so konnte er dies im wesentlichen nur durch die ornamentale Ausschmückung tun.

Puig i Cadafalch war der erste katalanische Architekt, der beim Entwurf seiner stadtnahen Wohnhäuser auf die typischen ländlichen *Masias* mit ihren geschweiften Frontgiebeln und der etwas schwerfällig wirkenden Linienführung ihrer im Grundriß rechteckigen Türme zurückgriff. Die Casa Muntadas auf dem Tibidabo ist ein frühes Beispiel dieser Anlehnung an die ländliche Bautradition. Im gleichen Stil erbaute Manuel Raspall im nördlich von Barcelona gelegenen Ferienort La Garriga eine eindrucksvolle Gruppe malerischer Villen, die üppig mit Sgraffitos und Kunstschmiedearbeiten dekoriert sind. Eine nicht weniger kunstvolle Interpretation finden wir bei den von Josep Jujol konzipierten Landhäusern, beispielsweise bei der für die eigene Nutzung restaurierten alten Masia d'Els Pallaresos oder bei dem außergewöhnlichen Can Negre in Sant Joan Despí, dessen Frontgiebel ein Erkerfenster ziert, das in seiner Form an eine Sänfte erinnert.

Oben:
Can Molas
15. Jahrhundert, Ausbau um 1750
Premià de Dalt
Südfassade

Links:
Josep Puig i Cadafalch
L'Œuvre de Puig Cadafalch …, 1904
Entwurf für ein Landhaus

Gegenüberliegende Seite:
Manuel Joaquim Raspall i Mayol
Can Millet de Baix
L'Ametlla del Vallès, 1909
Südwestfassade

Manuel Joaquim Raspall i Mayol
Casa Barbey
La Garriga, 1909–1911
Südwestfassade

LINKS:
Blick vom Garten auf das Haus
UNTEN:
Detail des Giebels

Manuel Joaquim Raspall i Mayol
Torre Iris
La Garriga, 1911

Oben:
Nordwestfassade
Rechts:
Blick vom Carrer Manuel Raspall

Josep Maria Jujol i Gibert
Mas Bofarull
Els Pallaresos, 1914–1931

OBEN:
Ostfassade
MITTE:
Aufriß
LINKS:
Dorfstraße und Westfassade
GEGENÜBERLIEGENDE SEITE:
Blick vom Weg durch den Weinberg

Links:
Can Llibre
Cardedeu
18. Jahrhundert, restauriert um 1900
Fassade zur Plaça Sant Joan

Josep Maria Jujol i Gibert
Can Negre
Sant Joan Despí, 1914–1930

Oben:
Aufriß
Links und gegenüberliegende Seite:
Fassade zur Plaça de Catalunya
Giebel und Erker

Formalismus

Die Konzentration auf das Dekorative kann zu einer Fülle neuer, freier Formen führen, deren Sinn sich bald auf die Lust an ihrer Gestaltung reduziert. Diese Tendenz ist zwar bereits seit den Anfängen der malerischen Architektur am Ende des 18. Jahrhunderts zu erkennen, sollte aber erst mit der Entwicklung der modernen Kunst in unserem Jahrhundert ungehindert zum Ausdruck kommen.

In ihrer Komposition aus fünf von flachen Kalotten überwölbten Zylindern beeindruckt die Villa Torre de la Creu in Sant Joan Despí durch ihre originelle Formensprache, die an Comics erinnert. Dieses Bauwerk ist besonders deshalb aufschlußreich, als es zeigt, in welchem Maße sich der architektonische Ausdruck im allgemeinen an einer durch die Gewohnheit etablierten Formensprache, an einer von allen erkannten und anerkannten architektonischen Kultur orientiert. Eine neue Sprache hingegen, die sich völlig aus dem historisch-kulturellen Kontext gelöst hat, entzieht sich nicht nur der Analyse und dem Vergleich mit anderen Werken, sie wird auch zum sinn- und inhaltslosen Monolog, dessen Worte im Nichts verhallen.

Dem 19. Jahrhundert mit seinen historisierenden Tendenzen und seinen vergangene Stile paraphrasierenden Bauten wurde schöpferisches Unvermögen vorgeworfen. Der für unser Jahrhundert typische Bruch mit der Vergangenheit indes ist nicht weniger gefahrvoll, ist doch die historische Bezugslosigkeit der Formen, die ins Leere weisen, gleichermaßen trostlos.

Die Moderne mußte ihren Weg zwischen diesen beiden Extremen erst noch finden, und nicht von ungefähr bezogen sich die Architekten in diesem Bemühen lange Zeit auf die Formensprache der Industriearchitektur. Immerhin führte dies zur Entwicklung eines neuen Formenrepertoires, das sich das Vokabular des Zweckbaus zu eigen machte.

Josep Maria Jujol i Gibert
Torre de la Creu, genannt „Torre dels Ous"
Sant Joan Despí, 1913–1916

OBEN:
Gitter am Portal
LINKS:
Dachkuppeln, Mosaik von Tecla Jujol
GEGENÜBERLIEGENDE SEITE:
Südwestfassade

Lluís Muncunill i Parellada
Masia Freixa
Terrassa, 1907–1910

LINKS:
Südfassade
UNTEN:
Säulenhalle

Ein besonders prägnantes Beispiel für die Möglichkeiten und Grenzen einer Übertragung der Formensprache von der Industriearchitektur auf die Wohnarchitektur ist die von Lluís Muncunills in Terrassa erbaute Masia Freixa, bei der der Architekt die Prinzipien der katalanischen industriellen Ziegelarchitektur – parabolische Bögen und Kuppeln aus Flachziegeln – anwendete. Das Gebäude war ursprünglich als Textilwerkstatt vorgesehen, nach der Fertigstellung jedoch entschloß sich der Eigentümer, es als Landhaus zu nutzen. Das Bauwerk verwirrt, da seine Sprache und Funktion sich offensichtlich widersprechen. Sein der Industriearchitektur entlehntes Vokabular ist zwar in sich stimmig, scheint aber nicht zum Bautyp des Landhauses zu passen. Dieser Versuch einer Übertragung der Sprache der Industriearchitektur auf die Wohnarchitektur fand in der Folge wenig Nachahmer.

Lluís Muncunill i Parellada
Masia Freixa
Terrassa, 1907–1910

Oben:
Detail des Daches
Rechts:
Westfassade

Der internationale Regionalismus

Bei dem Bautypus der traditionellen katalanischen *Masias* stellte sich die Frage nach der stilistischen Gestaltung weniger dringlich, denn ihre auf das Wesentliche reduzierten Formen, die Anordnung ihrer Räume und einige typische Elemente wie Giebel, Kamine, Erker und Balkone genügten, die noch lebendige Tradition in Erinnerung zu rufen. Daß das freistehende Wohnhaus in der Vorstadt des 20. Jahrhunderts mit der ländlichen Tradition und der bäuerlichen Lebensweise nichts mehr zu tun hatte, war belanglos, hatte man sich doch von dieser Lebensform ohnehin völlig losgesagt.

Aus diesem Grunde bemühte sich die Ornamentik weitaus mehr um ein zeitgemäßes, denn um ein regional-traditionelles Vokabular. Wichtig war zu betonen, wie sehr diese Architektur ihrer Zeit angehörte. Der widersprüchliche Ansatz eines internationalen Regionalismus – eine eigentliche Contradictio in adjecto – ist insgesamt kennzeichnend für das Europa des 20. Jahrhunderts. Er hinterläßt an jedem Bauwerk die Zeichen der Mode, die in immer rascherer Folge wechseln: Dem floralen Jugendstil folgte die geometrische Ästhetik von Darmstadt oder Antwerpen, der Purismus von Voysey oder die Kargheit von Hoffmann.

Eduard Maria Balcells i Buigas
Casa Lluch
Sant Cugat del Vallès, 1906
Südfassade

GEGENÜBERLIEGENDE SEITE OBEN:
Fenster
UNTEN:
Erker
GEGENÜBERLIEGENDE SEITE UNTEN:
Blick auf das Portal
RECHTS:
Belvedere

Eduard Maria Balcells i Buigas
Casa Àngela Gual
Cardedeu, 1910

Links und Unten:
Südfassade
Erker und Rundfenster

Die dekorative, so launenhafte und unbeständige, von den Zeitschriften verbreitete Stilistik dieser Revue-Architektur verbreitete sich in ganz Europa. Die glanzvollsten Beispiele auf den Seiten des *Studio* oder der *Art et Décoration* wurden von Tausenden Architekten in den verschiedensten Regionen umgehend übernommen und kommentiert. Da sie jedoch nie Gelegenheit hatten, die Bauwerke vor Ort selbst zu betrachten, kam es zuweilen zu außergewöhnlich verblüffenden Interpretationen: Eduard Balcells oder Rafael Masós katalanische Version der internationalen Architektur ist zweifellos originell und verschmilzt moderne Formelemente mit typischen Charakteristika der katalanischen Schule. Das Ergebnis war eine fremdartig anmutende Sprache, die nicht weniger interessant ist als die Interpretation des Mudejarstils, der der vorangegangenen Generation als Inspirationsquelle gedient hatte. Wenn die Einheit von Ornament und Konstruktion sich auflöst, hat das friedliche Nebeneinander von konstruktiven und ornamentalen Traditionen etwas Beruhigendes.

Eduard Maria Balcells i Buigas
Casa Àngela Gual
Cardedeu, 1910

Westfassade
OBEN:
Wand aus Keramik
RECHTS:
Aufriß der Südfassade

Rafael Masó i Valentí
Farinera Teixidor
Girona, 1910–1911
Wohnungen und Büros
Fassade zur Carretera de Santa Eugènia

Oben, Rechts und
Gegenüberliegende Seite:
Ausschnitte
Mitte:
Aufriß

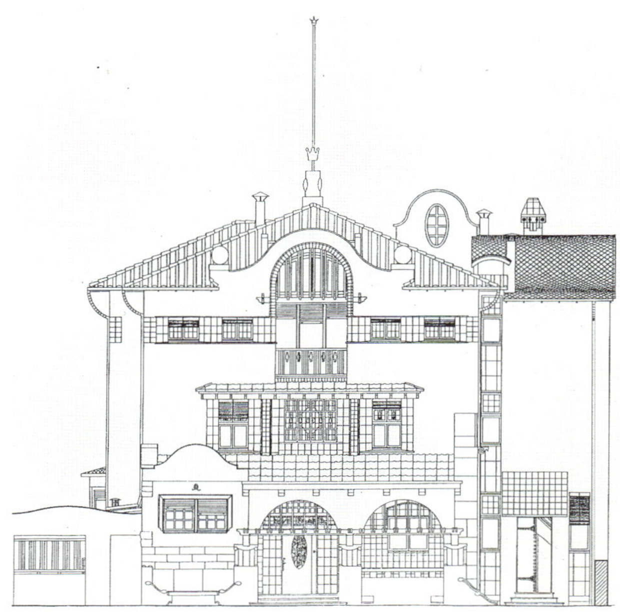

Rafael Masó i Valentí
Casa Masramon
Olot, 1913–1914
Fassade zum Carrer de Vayreda

OBEN UND GEGENÜBERLIEGENDE SEITE:
Details der Fenstereinfassungen
MITTE:
Aufriß
LINKS:
Blick von unten

7
Die Apotheose des Rationalismus

Nach zweieinhalb Jahrzehnten des Wohlstandes, der mit der Restauration 1875 eingesetzt hatte, mehrten sich in den ersten Jahren des neuen Jahrhunderts die Schwierigkeiten im Lande. Im Jahre 1898 bereits hatte Spanien seine karibischen Kolonien Kuba und Puerto Rico sowie die Philippinen verloren; innerhalb der eigenen Landesgrenzen stellten die katalanischen Autonomiebestrebungen die Autorität der Zentralmacht in Madrid zunehmend in Frage. Das weitaus größte Problem aber waren die sozialen Gegensätze, die 1909 zu den spontanen Arbeiteraufständen in der *Setmana Trágica* führten. Spanien war der Anarchie nah und schien nicht länger regierbar zu sein. Die Staatskrise des Jahres 1917 und der Aufstand der Rifkabylen in Marokko im Jahre 1921 führten zum Militärputsch des Generalkapitäns Primo de Rivera, und das Land fiel für fünfzehn Jahre in einen chaotischen Zustand, der schließlich im Bürgerkrieg endete. Spanien konnte zwar im Ersten Weltkrieg seine Neutralität bewahren, erlebte aber im 20. Jahrhundert seine eigene politische Tragödie.

In dieser Zeit politischer Wirren und sozialer Unruhen konnten künstlerische Bewegungen schlecht gedeihen. War das ausgehende Jahrhundert eine für die Entwicklung der katalanischen Kunst ausgesprochen fruchtbare Epoche gewesen, die eine blühende moderne Bewegung hervorgebracht hatte, so erlosch in der ersten Dekade des 20. Jahrhunderts nach und nach das künstlerische Schaffen in der Provinz. Pablo Picasso ging 1904 nach Paris, Raimon Casellas, der Kritiker von *La Veu de Catalunya*, nahm sich 1910 das Leben, und der Schriftsteller Joan Maragall und der hochbegabte Maler Isidre Nonell starben 1911. Von nun an arbeiteten die Künstler der modernen Bewegung in relativer Isolation. Antoni Gaudí widmete sich ganz der Sagrada Família, und Josep Puig kehrte der Architektur den Rücken, um sich in erster Linie der Politik zuzuwenden, bevor die Umstände ihn zwangen, ins Exil zu gehen, wo er später ein namhafter Archäologe wurde. Diese unsteten, von Brüchen gekennzeichneten beruflichen Werdegänge machen deutlich, in welchem Maße die politische Instabilität des Landes in dieser schmerzlichen Epoche das persönliche Leben des einzelnen prägte.

In den meisten europäischen Ländern kennzeichnete der Jugendstil den Beginn der Moderne zwischen den beiden Weltkriegen. Le Corbusiers Europareise zu Beginn des Jahrhunderts, die ihn unter anderem zu Auguste Perret nach Paris und zu Peter Behrens nach Berlin führte, läßt erkennen, wo die Zentren der Moderne wirklich lagen. Er bewunderte Gaudí zwar zutiefst, begab sich aber nicht nach Barcelona. Zu diesem Zeitpunkt hatte die moderne katalanische Bewegung ihren Zenit bereits überschritten, und Barcelona verlor – wie auch Wien und Brüssel – als künstlerische Metropole zunehmend an Bedeutung. Das gleiche galt auch für Prag, dessen Künstler und Intellektuelle es vorzogen, die Stadt zu verlassen, um sich in bedeutenderen Kunstzentren niederzulassen.

In seinem 1903 veröffentlichten Artikel über die moderne Architektur[1] beschrieb Jeroni Martorell unbewußt den Bruch zwischen zwei Künstlergenerationen: zwischen den Vertretern des Rationalismus, die das Kunstschaffen, das in der Weltausstellung von 1888 seinen Höhepunkt fand, ein Vierteljahrhundert lang geprägt hatten, und den Vertretern des Jugendstils, der eine äußerst kurze, aber üppige Blüte erlebte. Denn bereits zehn Jahre nach so erstaunlichen künstlerischen Leistungen wie der Casa Lleó Morera, der Casa Battló und dem Palau de la Música Catalana fand das von den Stilprinzipien des Jugendstils beeinflußte künstlerische Schaffen ein abruptes Ende. Der katalanische Jugendstil war spät entstanden, orientierte sich nur für kurze Zeit an einer floralen Ornamentik, um sich dann kühn einer plastischen expressionistischen Sprache zuzuwenden, die ihn an die Spitze der europäischen künstlerischen Avantgarde stellte. Ihm sollte jedoch keine Zukunft beschieden sein, denn ab der ersten Dekade des neuen Jahrhunderts änderten sich die architektonischen Anliegen grundlegend.

Josep Puig, der sich ja schon früher als Vorreiter seiner Generation erwiesen hatte, machte bereits in der ersten Dekade des 20. Jahrhunderts den Richtungswechsel deutlich. Seine zwischen 1909 und 1911 erbaute Textilfabrik Casimir Casarramona zeigt eine regional eigenständige Bauweise, die des katalanischen Gewölbes aus kleinen Mauerziegeln. Mit diesem Bauwerk griff Puig die Elemente des Rationalismus des späten 19. Jahrhunderts auf. Vergleicht man die Textilfabrik mit der Weinkellerei Codorniu (1901–1904), die zu einer Zeit konzipiert worden war, als Gaudís Formensprache tonangebend war, so wird deutlich, daß eine neue Entwicklung ihren Anfang genommen hatte. Hinter der regionalistischen Färbung kamen nun funktionale Aspekte wie beispielsweise die Wirtschaftlichkeit und die Zweckmäßigkeit der Konstruktion zum Ausdruck, die Puig früher gleichgültig gewesen waren. Der brillante Architekt der Casa Amatller revidierte selbstkritisch seinen ursprünglichen Ansatz: Nicht an den dekorativen, effektvollen Elementen der zeitgenössischen Architektur hielt er in seiner Textilfabrik Casarramonta fest, vielmehr beschränkte er sich auf die Formen, die am ehesten der Funktion des Gebäudes entsprachen.

Sicherlich hat seine politische Arbeit, die ihm eine realistische Auseinandersetzung mit den Problemen des Alltags abverlangte, seine künstlerische Phantasie in die Schranken gewiesen. In der *Lliga Regionalista* trat er in erster Linie als Fachmann auf, der seine architektonischen Vorstellungen in die Praxis umsetzen wollte. Denn Puig war nicht nur Architekt, Innenausstatter, Möbeldesigner und Restaurator, er war auch ein begeisterter Stadtplaner. Die Architektur interessierte ihn eigentlich nur insoweit, als sie Mittel zur Gestaltung der Stadt als Ganzes war. Fragen der Gliederung der einzelnen Baukörper oder Probleme der Konstruktion, die für Gaudí von entscheidender Bedeutung waren, interessierten ihn weniger. Gaudí war Baumeister, er hatte eine tiefe persönliche Beziehung zu seinem Bauwerk. Puig dagegen war Regisseur, für ihn war die Architektur ein weites Feld, das vom Entwurf eines einzelnen Ornaments bis hin zur Gestaltung ganzer Landschaften reichte. Der Baumeister sieht sein Werk als Einheit, der er gegebenenfalls das Umfeld

Josep Puig i Cadafalch
Plaça de Catalunya
Barcelona, 1918–1923
Entwurfszeichnung

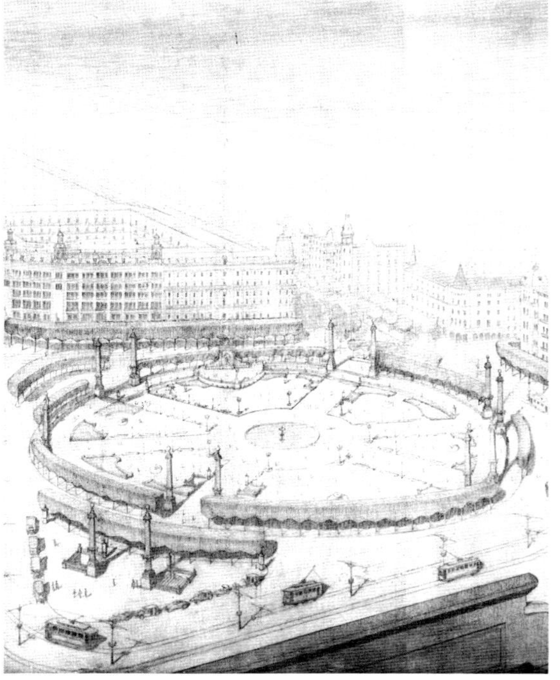

Josep Puig i Cadafalch
Palast der Antiken Künste
Barcelona, 1920
Entwurf für die Ausstellung der Elektroindustrie

anzupassen hat, der Regisseur dagegen versteht sein Werk als Beitrag zu einem schon existierenden Ganzen, das lediglich den Rahmen für seine Schöpfung darstellt. Gaudí war Künstler, Puig Choreograph.

Puig setzte sich mehr und mehr mit der politischen und ökonomischen Realität Kataloniens auseinander und gab seine künstlerische Tätigkeit weitgehend auf, um den Anforderungen seines neuen beruflichen Umfeldes gerecht zu werden. Der Stadtplanungswettbewerb von 1905, den der Franzose Léon Jaussely gewann, wurde zum Wendepunkt. Puig hat zum Erfolg diese Projekts ohne Zweifel wesentlich beigetragen.[2] Er wurde zum Verfechter einer neuen Konzeption der modernen Stadt, die diese funktional und schön, rational und monumental zugleich gestaltet sehen wollte und die in dieser doppelten Funktionszuweisung über Ildefons Cerdàs Rasterplan für das *Eixample* hinauswies.

Die Vertreter dieser neuen städtebaulichen Konzeption, die Gemeinsamkeiten mit den Plänen Daniel Burnhams für Chicago (The City Beautiful) und des Franzosen Jacques Grebers für Philadelphia aufwies, warfen Cerdà vor, einen ausschließlich auf technischen Überlegungen beruhenden Rasterplan erstellt zu haben, der die städtische Form in ihrer Gesamtheit vernachlässige. Diese Kritik kam aus drei verschiedenen Richtungen. Da war zunächst die regionalistisch motivierte Kritik, die sich an der Tatsache stieß, daß Cerdàs Plan von Madrid verordnet worden war. Die sozial motivierte Kritik lehnte eine städtische Entwicklung auf der Basis von Privatinteressen, die die Stadt als Gesamtheit nicht sehen konnten oder wollten, ab. Die politisch motivierten Kritiker schließlich meinten, öffentliche Institutionen hätten die politische Aufgabe, die öffentliche Kunst zu fördern, deren vornehmlicher Ausdruck die Stadtkunst sei.

Die neue Konzeption orientierte sich an Haussmanns Vorstellungen und ähnelte den Plänen, die der Architekt Louis Bonnier in Paris verwirklichen wollte. Sie ist insofern interessant, als sie eine Synthese der vom Jugendstil vertretenen künstlerischen Freiheit und der Haussmannschen Prinzipien anstrebte. Was in Paris lediglich in bescheidenem Maße mit dem Boulevard Raspail, den Alleen des Champ-de-Mars und der Siedlung Passy verwirklicht wurde, sollte in Barcelona weitaus größere Dimensionen annehmen. Die von Cerdà vorgesehenen weiträumigen öffentlichen Parkanlagen wurden mit großen, einheitlich gestalteten Wohnhäusern zugebaut, deren eintönige Silhouette an markanten Punkten von auffälligen Attributen wie Kuppeln und Rundtürmen durchbrochen wurde. Die gesamte Stadt wurde mit Hilfe einer umfassenden Komposition neu gestaltet, die die städtischen Knotenpunkte, beispielsweise die Plaça de Catalunya, den Montjuïc-Hügel oder den Passeig de Gràcia betonte.

Ab 1914 konzipierte Josep Puig in Zusammenarbeit mit Lluís Domènech den Verlauf der Via Laietana, die die Erschließung der Altstadt von der Neustadt her vervollständigte. Es folgten die Neugestaltung der Plaça de Catalunya (1918–1923) und die Bebauung des Hügels Montjuïc, für den Puig zur Ausstellung der Elektroindustrie im Jahre 1920 den eindrucksvollen Palast der Antiken Künste entwarf, der die Urbanisierung dieses Stadtteils entscheidend mitbestimmen sollte. Die von den Stilelementen der Gotik beeinflußte Architektursprache seiner frühen Schaffensperiode ließ er nun gänzlich hinter sich, und auch das regionalistische Formenrepertoire interessierte ihn nicht länger. Er änderte seinen architektonischen Ausdruck grundlegend und wandte sich fortan einer am Vokabular der Ecole des Beaux-Arts orientierten Repräsentationsarchitektur mit Kuppeln und Säulen zu. Zeugnisse seiner damaligen Neuorientierung sind zwei im Stil Louis' XVI. verzierte Stahlbetonbauten, die übrigens recht mittelmäßig geraten sind.[3]

Die Frage nach einer urbanen Grundordnung, die den Architekten die Möglichkeit des künstlerischen Ausdrucks bewahrt – indem sie ihnen erlaubt, auf die städtische Form selbst gestalterisch einzuwirken –, war ein immer wiederkehrendes Thema dieser Zeit. Puig war übrigens nicht der einzige, der den Schwerpunkt seines Schaffens vom Bauwerk als Kunstwerk hin zur Stadt als Kunstwerk verlagerte. 1911 wurde er von seinem Konkurrenten Josep Goday i Casals übertrumpft, der den Wettbewerb für das Postgebäude an der Via Laietana[4] gewann. Diese Niederlage war Ansporn für Puig, sich noch eingehender mit Fragen des Städtebaus auseinanderzusetzen, und so war erneut er es, dem man im Jahr 1929 die Planung für das Gelände der Weltausstellung anvertraute. Der monumentale, im Geschmack des 18. Jahrhunderts gehaltene Brunnen auf der Plaça d'Espanya wurde von Josep Jujol in Zusammenarbeit mit dem Bildhauer Miquel Blay gebaut. Jujol konzipierte ebenfalls den Palau del Treball, den er mit Säulen schmückte, die Bernini nachempfunden sind, während Puig i Cadafalch sich beim Palau Alfonsos XIII. für eine eigentümliche Interpretation des spanischen Barock entschied.

Diese Abwendung von ihrer persönlichen Sprache, die die Meister des katalanischen Jugendstils in diesen Jahren demonstrierten, wurde nicht ohne Staunen zur Kenntnis genommen. Die ungewöhnliche Kombination von Puigs Palau für Alfonso XIII. mit Mies van der Rohes deutschem Pavillon für die Weltausstellung 1929 aus Glas und Stahl verblüffte. Die Architekturkritiker kommentierten den Rückfall in die Sprache der Vergangenheit recht bissig. Sie brachten diese Rückbesinnung vielleicht etwas voreilig mit dem politischen Totalitarismus der Epoche in Verbindung und schienen zu übersehen, daß auch die Kolumbus-Ausstellung in Chicago 1893 und die Ausstellung in Paris 1900 einen ähnlichen Rückgriff auf eine überkommene Gestaltungsweise zum Ausdruck brachten – als ob Modernität und Repräsentationsbau in der Architektur einander widersprächen.

Fest steht, daß die politische Instabilität der Epoche von der Entwicklung eines monumentalen Stils begleitet war. Die Architekten versuchten, die Unsicherheit der Zeit durch repräsentative Bauten zu kompensieren und glitten unbewußt vom Ausdruck der öffentlichen Kunst hin zum Ausdruck von Macht. Es gilt allerdings festzuhalten, daß der akademische, leicht müde wirkende Monumentalismus des Josep Puig und seiner Kollegen sich von der eisigen, menschenverachtenden Kälte der nationalsozialistischen Monumentalbauten grundlegend unterschied. Puig war nicht Speer, und seine städtebaulichen Visionen hatten mit den totalitären Projekten des Dritten Reichs nichts gemein.

Auch die Werke der Anhänger Antoni Gaudís verdienen in diesem Zusammenhang Beachtung.[5] Nach den spontanen Ausschreitungen während der *Setmana Trágica*, die den Staat in seinen Grundfesten erschütterten, wurde die moderne – allzu unabhängige – Architektur allmählich vor die Tore der Stadt verwiesen. Zuvor entstanden noch

Josep Puig i Cadafalch
Palau Alfonso XIII.
Entwurf 1920, Realisierung 1929 für die Weltausstellung in Barcelona
Eckbelvedere

zwei schöne Beispiele der städtischen katalanischen Baukunst. Die beiden 1917 von Enric Sagnier für die Caixa de Pensions entworfenen Wohnhäuser in der Via Laietana blieben der Gestaltungsweise des Jugendstils treu. Auch die mit Kuppeln und Türmchen verzierte Cases Rocamora am Passeig de Gràcia (von Bonaventura und Joaquim Bassegoda i Amigó, 1914–1917) verkörperte noch den Geist des „Modernisme". Sie aber waren die letzten, und in den 20er Jahren dann sollte in der Stadt keine „Modernisme"-Architektur mehr entstehen.

Wie die Aristokraten der *terra ferma* im Venedig des 16. Jahrhunderts, so verließen auch die vermögenden Katalanen, die die wichtigsten Auftraggeber der Architekten waren, die Stadt. Sie bauten fortan in den Badeorten der Region oder auf ihren privaten Landgütern, sofern diese nicht von öffentlichen Institutionen übernommen worden waren. Dort aber ließen sie keine luxuriösen Wohnhäuser mehr bauen, sondern Nutzbauten, die sie zur Bewirtschaftung ihrer Ländereien benötigten.

Unter diesen trostlosen Bedingungen wuchsen die letzten Architekten des „Modernisme" noch einmal über sich selbst hinaus. In Anlehnung an Puigs Kellerei Codorniu baute Cèsar Martinell, ein treuer Schüler Gaudís und sein erster Biograph[6], 1917 und 1919 zwei Weinkellereien für die landwirtschaftlichen Genossenschaften in El Pinell de Brai und in Gandesa, die die Krönung des Rationalismus in seiner katalanischen Version darstellen. Dank ihrer klar gegliederten Konstruktion, ihrer Schlichtheit und plastischen Schönheit der Formen zählen die Kellereien zu den reizvollsten Werken der katalanischen Baukunst. Diesen späten Werken gelingt eine erstaunliche Synthese, sie verweisen nicht nur auf Puig und Gaudí (in gewisser Weise stellen sie die logische Fortsetzung des Col·legi de les Teresianes dar), sondern in ihrer vollendeten räumlichen Gliederung und Konstruktion auch auf die alten gotischen Schiffswerften der Stadt, die *Drassanes*. Die fünfzigjährige Geschichte des katalanischen „Modernisme" in seiner Entwicklung vom Rationalismus über den Jugendstil hin zum Regionalismus kam so zu einem würdigen Ende.

Ohne Zweifel kann der im ländlichen Raum für landwirtschaftliche Genossenschaften arbeitende Cèsar Martinell nicht mit Josep Puig verglichen werden, der ja vor allem große öffentliche Aufträge erhielt. Was bleibt, ist ein grundlegender Gegensatz zwischen den verschiedenen Ansätzen, die in der gleichen Stadt zur gleichen Zeit von Künstlern der gleichen Bewegung verfolgt wurden, und dieser Gegensatz zeigt den tiefen Riß im modernen Kunstverständnis. Die Wahl des Architekten zwischen „le pur et l'impur" (dem Reinen und dem Unreinen), – um eine Charakterisierung von Antoine Grumbach aufzugreifen[7] –, zwischen dem fortschrittlichen und dem traditionellen, ist schwierig geworden. Der Jugendstil glaubte den allumfassenden Stilbegriff gefunden, glaubte die Einheit von Form und Inhalt erreicht zu haben, doch nun wird klar, daß diese Hoffnung enttäuscht wurde. Die Schimäre der Kunst bestand darin, daß sie – wie Goethes Faust – für einen winzigen Moment glaubte, das Rad der Zeit zum Stillstand zu bringen. Zwar erlag auch der katalanische „Modernisme" diesem Trugbild, dennoch schien für einen kurzen Augenblick in der bewegten Geschichte der modernen Welt die Überwindung dieser Widersprüche zum Greifen nah.

Josep Puig i Cadafalch
Palau Alfonso XIII.
Entwurf 1920, Realisierung 1929
für die Weltausstellung in Barcelona
Blick auf den Belvedere, im Vordergrund
Mies van der Rohes Pavillon

Industriearchitektur

Beim Bau seiner Metallwerkstätten in Barcelona experimentierte Joan Torras bereits seit 1873 an einer Verbindung von Eisenträgerkonstruktion und Ziegelgewölbe. Diese Kombination erschien interessant, da sie einerseits einen reduzierten Einsatz von Metall bei der Konstruktion erlaubte und andererseits einen erhöhten Feuerschutz gewährleistete. Seit den Bränden in der Pariser Kommune im Jahre 1871, die die geringe Widerstandskraft des Metalls gegen Feuer gezeigt hatten, stand die Frage des Feuerschutzes im Mittelpunkt des architektonischen Interesses. Das Royal Institute of British Architects hatte in London sogar einen Kongreß zu diesem Thema veranstaltet.

Fünfzehn Jahre später hatte Joan Torras sein System so weit vervollkommnet, daß er es beim Bau seiner neuen Werkstätten in Poble Nou in Barcelona im großen Stil anwenden konnte. Über vierzehn Meter lange Eisenträger spannte er acht Zentimeter dicke Gewölbe aus in Gips gebundenen dünnen Ziegeln in einer Technik, die auch schon im traditionellen katalanischen Gewölbebau Anwendung gefunden hatte. Der Innenraum dieser Werkstätte, dessen Dach aus diesen dünnen, scheinbar schwebenden Gewölbetunneln besteht, ist äußerst eindrucksvoll. Sein Prinzip kam dann bald in zahlreichen Industriebauten zur Anwendung und wurde von seinem Schüler Rafael Guastavino in den Vereinigten Staaten patentiert. Um den Anforderungen an den Arbeitsplatz zu genügen, wurden die Gewölbedecken später zu Sheddächern weiterentwickelt, deren parabolische Wölbungen über den Zugankern zu schweben scheinen: Der Prototyp des Industriegebäudes war geboren. Die Konstruktion, die besonders den Bedürfnissen der Textilindustrie sehr entgegenkam, erlaubte eine variable Ausnutzung der Bodenfläche und ermöglichte eine optimale Nutzung des Tageslichts, ohne Gegenlicht zu bewirken. Die auf diese Weise konstruierten Werkhallen waren deshalb erheblich zweckmäßiger als die seitlich beleuchteten mehrgeschossigen Werkstätten, die in England seit dem Ende des 18. Jahrhunderts vorgeherrscht hatten.

OBEN:
Rafael Guastavino i Moreno
Zementfabrik Clot del Moro
Castellar de N'Hug, 1901
Gesamtansicht

Lluís Muncunill i Parellada
Textilfabrik Aymerich, Amat i Jover
Terrassa, 1907–1909
Maschinenhalle

Unten und Gegenüberliegende Seite Unten:
Gesamtansicht und Ausschnitt der Tragkonstruktion
Rechts:
Umfriedungsmauer und Portal

Josep Puig i Cadafalch
Textilfabrik Casimir Casarramona
Barcelona, 1909–1911

Oben und Gegenüberliegende Seite unten:
Belfried und Fassadenausschnitt
Mitte:
Perspektivische Gesamtansicht

So ist verständlich, daß Lluís Muncunill diese Technik bei der Textilfabrik Aymerich, Amat i Jover, die er zwischen 1907 und 1909 in Terrassa baute und die heute zu den Baudenkmälern der katalanischen Industriearchitektur zählt, ebenfalls anwendete. Auch Puig i Cadafalch bediente sich der katalanischen Gewölbetechnik. Am Beispiel seiner Textilfabrik Casarramona auf dem Hügel Montjuïc demonstrierte er die Möglichkeiten der Ziegelbauweise, indem er Ziegelpfeiler und katalanische Gewölbe in einer Konstruktion vereinte, die völlig ohne den feuergefährdeten Metallträger auskam. Dieser „Industriepalast", der an die Pracht eines Beaux-Arts-Bauwerks erinnert und Symmetrie, Fassadengliederung und Axialität meisterhaft vereinend sich mit einem verkürzten Belfried schmückt, ist Musterbeispiel einer Architektur, die zweckmäßig, modern und katalanisch zugleich ist. Er ist die selbstbewußte Antwort des alten Europa auf die sich entwickelnde Industriearchitektur in Nordamerika und zeugt von seiner kulturellen Identität und der Beherrschung moderner Technologie zugleich. Er präsentiert sich als höchst originelle Alternative zur Betonarchitektur, denn die katalanische Gewölbetechnik war alles andere als eine simple regionale Kuriosität, sondern erwies sich als eine höchst zweckmäßige und ökonomische Technik, die im Industriebau durchaus ihren Platz hat. So verbreitete sich diese Technik in Katalonien denn auch rasch, sollte jedoch häufiger bei der Errichtung landwirtschaftlicher Nutzbauten Anwendung finden als im reinen Industriebau.

Oben und Gegenüberliegende Seite Unten:
Ignasi Oms i Ponsa
Farinera La Florinda
Manresa, 1912–1913
Fassadenausschnitte

Die Weinkellerei Codorniu

Die von Puig i Cadafalch 1901 konzipierte Weinkellerei in Sant Sadurní d'Anoia ist ein Musterbeispiel für eine auf der katalanischen Gewölbetechnik basierende Konstruktion. Das Gebäude besteht aus einer langen, von Pfeilern aus Mauerziegeln gestützten Parabeltonne. Die Pfeiler sind jeweils über querliegende Gewölbe miteinander verbunden, deren Anordnung an eine antike Basilika erinnert. Puig orientierte sich an einem frühen Beispiel der katalanischen Baukunst: an den Werften, den *Drassanes*, die im 14. Jahrhundert am meerseitigen Ende der Rambla von Barcelona errichtet worden waren. Die strenge Konstruktion, deren von großen Rippenbögen getragene Ziegeldächer einen immensen Raum überspannen, faszinierte die zeitgenössischen Architekten. Puig schuf mit seiner Pfeiler-Bogen-Konstruktion in Kombination mit der katalanischen Gewölbetechnik ein architektonisches Meisterwerk. Die Konstruktion ist gewiß weniger reizvoll als die seiner Stadtpaläste, überzeugt jedoch durch die außerordentliche Reinheit und Schlichtheit der angewendeten Mittel.

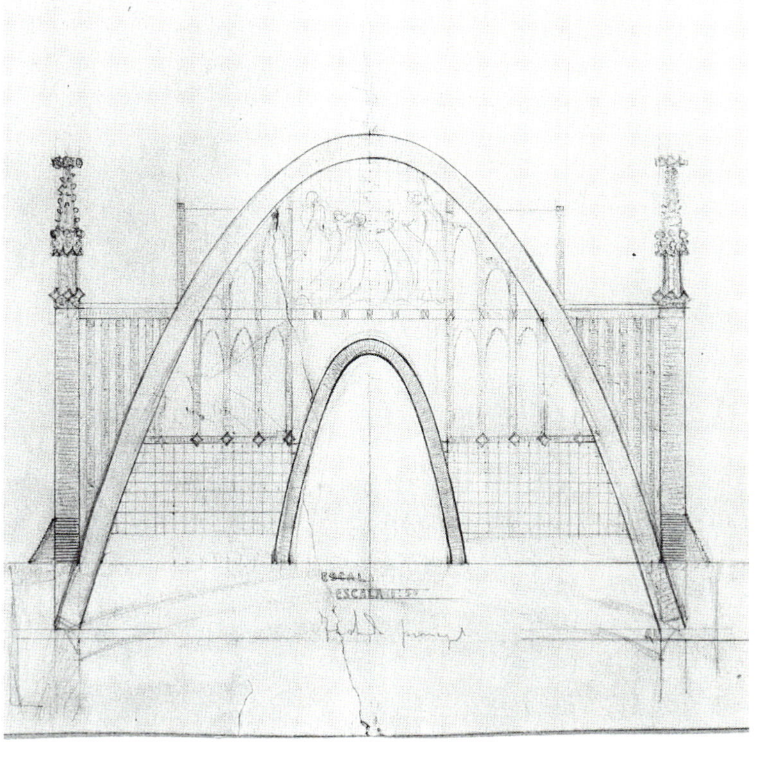

Josep Puig i Cadafalch
Weinkellerei Codorniu
Sant Sadurní d'Anoia, 1901–1904
Versandhalle

Gegenüberliegende Seite:
Gesamtansicht
Oben:
Gewölbe der Nordostfassade
Rechts:
Aufriß der Südostfassade

Josep Puig i Cadafalch
Weinkellerei Codorniu
Sant Sadurní d'Anoia, 1901–1904
Kelterhalle, von Lluís Bonet i Garí erweitert

Oben:
Großer Keller
Gegenüberliegende Seite:
Nordwestfassade

Links:
Arnau Ferrer
Erster Baumeister
Reials Drassanes (königliche Werften)
Barcelona, 14.–17. Jahrhundert
Innenansicht

Cèsar Martinell

Cèsar Martinell war nicht nur ein Schüler Gaudís, er sollte auch eine Biographie des Meisters verfassen. Bei seinen zahlreichen Kellereigebäuden in Katalonien orientierte er sich an dem von Puig i Cadafalch zu Beginn des Jahrhunderts erneut aufgegriffenen Prinzip der katalanischen Gewölbetechnik. Er entwickelte eine Reihe verschiedener Lösungen, die von höchst einfachen Beispielen (Cornudella de Montsaut) bis hin zu äußerst ehrgeizigen Projekten (El Pinell de Brai) reichen. Im Halbschatten dieser Ziegelbasiliken reihen sich mächtige Fässer aus Zement aneinander. Sie sind durch schmale Gehstege miteinander verbunden, die auf halber Raumhöhe unter den mächtigen Ziegelgewölben und -bögen verlaufen. Zwei Welten stehen sich hier in einem Raum gegenüber: oben der luftige, lichte Bereich der Fenster, Bögen und Gewölbe, unten das Halbdunkel der mächtigen, grau-staubigen Zementfässer.

Bei der Kellerei in El Pinell de Brai verzichtete Cèsar Martinell sogar darauf, den Raum mit katalanischen Ziegelgewölben zu überspannen. Hier legte er die Betonung auf die enormen Ziegelbögen, die unterhalb der Dachpfetten die lichte Weite des Raumes überspannen. Mit dieser Gestaltung zog er bewußt eine Parallele zur konstruktiven Reinheit der alten Werften Barcelonas. Von außen betrachtet, stellt man fest, wie harmonisch sich die Giebel der Seitenschiffe ins Dächermeer des Dorfes integrieren; selbst von weitem fügen sich die ungewöhnlichen lanzettförmigen Fenster malerisch in das Gesamtbild ein. Um das gesamte Gebäude herum verläuft auf der Fassade ein dekoratives Fliesenband, dessen Motive erzählfreudig über lokale Anekdoten berichten. In dieser geschickten Gegenüberstellung unterschiedlicher Elemente, die erst nach und nach die Persönlichkeit des Werkes offenbaren – zuerst seine Position, dann seine Bedeutung und schließlich seine verborgen monumentalen Reize – wird der Schüler Gaudís erkennbar. Martinell war nicht nur ein ausgezeichneter Konstrukteur, sondern auch ein feinsinniger Architekt.

Links:
Lluís Domènech i Montaner
(Sammlung Pere Domènech i Roura)
L'Espluga de Francolí, 1913–1914

César Martinell i Brunet
Kellereien der landwirtschaftlichen Genossenschaften

GEGENÜBERLIEGENDE SEITE OBEN:
Rocafort de Queralt, 1918
RECHTS:
Cornudella de Montsant, 1919
UNTEN:
Nulles, 1918–1919

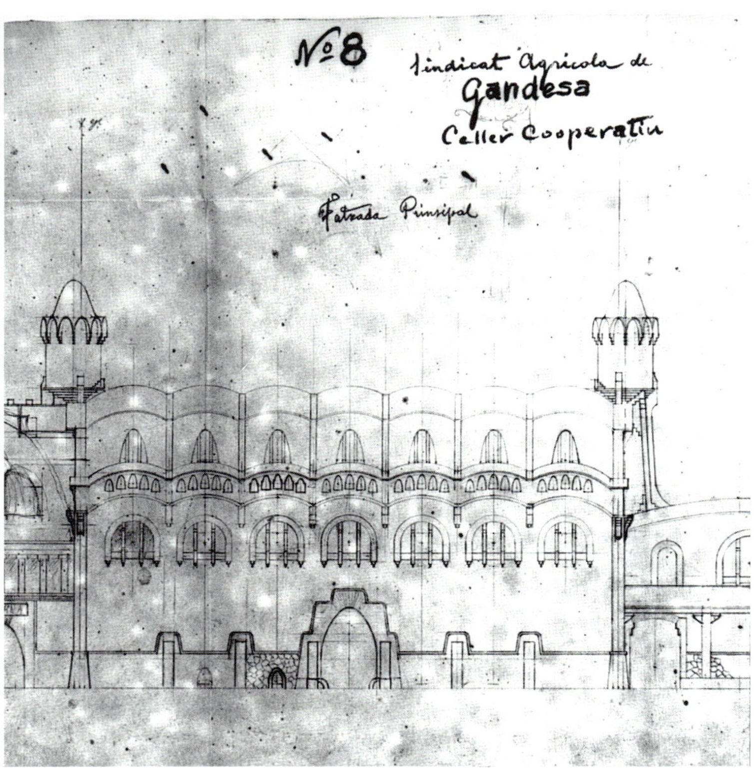

Cèsar Martinell i Brunet
Weinkellerei der landwirtschaftlichen Genossenschaft
Gandesa, 1919

Oben:
Wasserturm und Südfassade
Links:
Aufriß der Hauptfassade
Gegenüberliegende Seite:
Westfassade

CELLER

Cèsar Martinell i Brunet
Weinkellerei der landwirtschaftlichen Genossenschaft
Gandesa, 1919
Fässerraum

Oben und gegenüberliegende Seite unten:
Innenansichten
Links und gegenüberliegende Seite oben:
Ausschnitte der Tragstruktur

Cèsar Martinell i Brunet
Weinkellerei der landwirtschaftlichen Genossenschaft
El Pinell de Brai, 1917–1921
Fässerraum

Gegenüberliegende Seite:
Ausschnitte der Tragstruktur
Rechts und Oben:
Innenansichten

Cèsar Martinell i Brunet
Weinkellerei der landwirtschaftlichen Genossenschaft
El Pinell de Brai, 1917–1921

OBEN UND GEGENÜBERLIEGENDE SEITE:
Seitengebäude
Gesamtansicht und Ausschnitt
LINKS:
Hauptgebäude
Südwestfassade

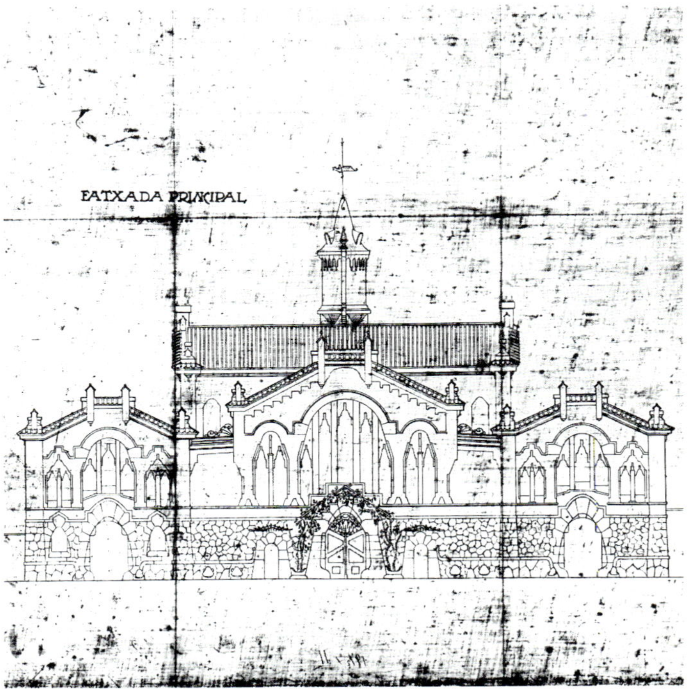
FATXADA PRINCIPAL

Cèsar Martinell i Brunet
Weinkellerei der landwirtschaftlichen Genossenschaft
El Pinell de Brai, 1917–1921
Südwestfassade

Rechts und Gegenüberliegende Seite Oben Links:
Verzierungen an den Maueröffnungen
Gegenüberliegende Seite Oben Rechts:
Aufriß der Hauptfassade
Gegenüberliegende Seite Unten:
Portal
Oben:
Ausschnitt des Kranzgesimses

Gegenüberliegende Seite, Oben und Rechts:
Cèsar Martinell i Brunet
Weinkellerei der landwirtschaftlichen Genossenschaft
El Pinell de Brai, 1917–1921
Keramikfries an der Südwestfassade
Szenen bei der Weinlese nach Vorlagen von Xavier Nogués

Cèsar Martinell i Brunet
Weinkellerei der landwirtschaftlichen Genossenschaft
El Pinell de Brai, 1917–1921

OBEN:
Blick auf die Kellerei vom Dorfeingang aus
LINKS:
Fries der Südwestfassade
Bauern bei der Weinlese nach Vorlagen von Xavier Nogués

GEGENÜBERLIEGENDE SEITE:
El Pinell de Brai
Das Dorf vor der Hügelkette der Cavalls

Anmerkungen

Bibliographie

Abbildungsverzeichnis

Personen- und Sachregister

Anmerkungen

Einleitung

1. Cerdàs Plan zur Stadterweiterung Barcelonas war bei Stadthistorikern für lange Zeit in Vergessenheit geraten. In *Die Architektur der Stadt* (dt. Übers., Düsseldorf 1973, erste Ausgabe Padua 1966) weist Aldo Rossi darauf hin, daß Oriol Bohigas *Barcelona, entre el Pla Cerdà i el barraquisme* (Barcelona 1963) den Plan erneut in den Mittelpunkt des Interesses rückte. Der katalanische Ausdruck *Eixample* (im Spanischen *ensanche*) bezeichnet im übrigen die Erweiterung der Stadt, die von 1859 an außerhalb der ab 1854 abgerissenen alten Stadtmauern vorgenommen wurde.

2. Anläßlich der Olympischen Spiele 1992 in Barcelona plante der Magistrat der Stadt, das „bürgerliche" Erbe der modernen Stadt aufzuwerten. Parallel zur großen Ausstellung *El Modernisme*, Barcelona 1990, des Museums für Moderne Kunst, deren Katalog eine der wichtigsten Quellen der vorliegenden Arbeit darstellte, organisierte man eine Ausstellung über Architektur und Stadtplanung, die dem *El Quadrat d'Or, Centre de la Barcelona modernista* gewidmet war. Der unter der Leitung von Albert Garcia Espuche verfaßte Ausstellungskatalog stützt sich auf drei wichtige Dissertationen über die Stadt: auf Garcia Espuches eigene Abhandlung *Barcelona a principis del segle XVIII: la Ciutadella i els canvis de l'estructura urbana* (E.T.S.A.B. 1987), auf Xavier Tafunell Sambolas *La construcción residencial en el crecimiento económico en Barcelona (1854–1897)* (Autonome Universität Barcelona 1988) und auf Txatxo Sabaters *Primera edad del Ensanche, Arquitectura doméstica* (E.T.S.A.B. 1988). Der Katalog wurde von der Stadt auch in Form eines Architekturführers unter dem Titel *El Quadrat d'Or, 150 casas en el centro de la Barcelona modernista* (Barcelona 1990) herausgegeben. Ein Großteil der im vorliegenden Buch enthaltenen Informationen über Architektur und Stadtplanung Barcelonas stützt sich auf diese neueren Untersuchungen. Diese Untersuchungen ergänzen die grundlegende Studie von Oriol Bohigas, die 1968 unter dem Titel *Arquitectura modernista* in Barcelona veröffentlicht wurde und seitdem zweimal (1973 und 1983) in zweibändiger erweiterter Fassung unter dem Titel *Reseña y catálogo de l'arquitectura modernista* neu aufgelegt wurde.

3. Joan Lluís Marfany, *Modernisme català i final de segle europeu. Algunes reflexions*, in *El Modernisme*, a.a.O., Bd. I, S. 33–44, Zitat: S. 42.

4. Die Veröffentlichung der ausgewählten Aufsätze *Glosari* von Eugeni d'Ors im Jahre 1906 signalisierte das Entstehen dieser modernen neoklassischen Schule, deren Charakter weitaus internationaler und normativer war. Weitere Aufsätze des gleichen Kritikers folgten in der *La Veu de Catalunya*. Im Jahre 1911 erschien der *Almanac dels Noucentistes*, der einen zusammenfassenden Überblick über die künstlerischen Strömung gab und ihre Bedeutung durch die Aufzählung ihrer Vertreter – Maler, Schriftsteller und Architekten – unterstrich. Im Bereich der Architektur war Rafael Masó die wichtigste Persönlichkeit, die den Übergang vom Jugendstil zum Noucentisme kennzeichnete.

I
Kunst und Industrie

1. Vgl. hierzu den ausgezeichnet dokumentierten Beitrag von Pilar Vélez *De les relacions entre l'art i l'indústria, 1870–1910*, der im Katalog zur Ausstellung *El Modernisme* des Museums für Moderne Kunst in Barcelona im Jahre 1990 abgedruckt ist (Barcelona 1990, Bd. I, S. 225–240).

2. Näheres über die Mißgeschicke von Deane und Woodward in Oxford findet sich in Renée Loisirs *L'Architecture et le Fer en Grand-Bretagne au XIXe siècle*, Dissertation an der Ecole des Hautes Etudes en sciences sociales, Paris 1991. Weitere Ausführungen über den Crystal Palace und über die Projekte Horeaus sowie über die Unmöglichkeit, seine Entwürfe bautechnisch umzusetzen, finden sich in Françoise Boudon und François Loyers Aufsatz *Hector Horeau 1801–1872* im Katalog zur Ausstellung des Musée des Arts décoratifs de Paris, Paris 1979.

3. Vgl. Assumpció Feliu i Torras, *L'Architecte Juan Torras i Guardiola (1827–1910) et son œuvre*, Magisterarbeit im Fach Kunstgeschichte, Rennes, Université de Haute-Bretagne, 1986 (Zusammenfassung in *Koiné* 1/Nr. 5, Madrid 1986, *Un siglo de conquistadores. Juan Torras i Guardiolo (1827–1910), arquitecto catalán*, S. 55–61).

4. Die Biographie Emile Müllers wurde von Hélène Guéné für *The Dictionary of Art*, London 1996, verfaßt. Wir beziehen uns hier auf ihr Manuskript.

5. Der Katalog zur Ausstellung *El Modernisme* (a.a.O.) zeigt zahlreiche dekorative Keramiken, die nach Entwürfen der besten katalanischen Architekten und Innenarchitekten von den Firmen Pujol i Bausis in Esplugues de Llobregat und Cosme Toda in L'Hospitalet de Llobregat hergestellt wurden (vgl. Bd. II, Nr. 29–52). Unter dem Titel *paviment hidràulic* werden Bodenfliesen aus dem Hause Casa Escofet, Tejera i Cia, vorgestellt (Nr. 241–241). Im 1900 erschienenen *Àlbum-Catàlech* desselben Unternehmens sind zahlreiche Entwürfe für kleinere Fliesen (13 x 13 cm) enthalten. Eine Untersuchung über Keramik und Mosaik, die in Katalonien häufig mit dem selben Namen bezeichnet

werden, stammt von Teresa Navas: *El mosaic hidràulic. Una art aplicada al segle XIX* in *Butlletí Informatiu de Ceràmica*, Nr. 37, Barcelona, April–Juni 1988.

6. Dank ihrer exakten Abmessungen und ihrer vielfältigen Einsatzmöglichkeiten an der Fassade glaubte man, die ideale Verkleidung für die neue Stahlskelettkonstruktion gefunden zu haben. Gaudís und Domènechs von der Weltausstellung 1878 in Paris inspirierte Verwendung der Fliese war kühn, führte aber zu höchst überzeugenden Lösungen.

2
Die Erben Viollet-le-Ducs

1. Dies wird beispielsweise am 1868 von Josep Oriol Mestres i Esplugas an der Kreuzung des Passeig de Gràcia und der Gran Via erbauten Palau Samà deutlich. Der Reiz des Gebäudes liegt in den außergewöhnlich schlanken korinthischen Säulen am Portal, die in gußeiserner Ausführung in der Vorhalle und im Innenhof bei den Arkaden wieder aufgenommen werden.

2. Elies Rogent baute 1868 das Haus Evarist Arnus mit abgeschrägten Ecken, die allerdings weniger ausgeprägt waren als bei dem Hausmannschen Vorbild in Paris. Rafael Guastavino griff diese Idee auf und entwarf für die abgeschrägten Ecken des 1869–1870 erbauten und ebenfalls am Passeig de Gràcia gelegenen Hauses Dominga Juera del Vilar abgerundete, verglaste bow-windows.

3. Das von Pau Martorell 1869 erbaute Wohnhaus Josep Munne und auch Josep Rosés' 1870 realisierte Wohnhaus Enric Losada, beide am Passeig de Gràcia gegenüber dem Palau Samà gelegen, wiesen bereits drei Geschosse auf. Letzteres hatte zudem ein halbgeschossig angehobenes Kellergeschoß und ein krönendes Attikageschoß. In den etwas weniger vornehmen Straßenzügen befanden sich üblicherweise vier stets gleich hohe Stockwerke über einem ebenerdigen Ladengeschoß. Diese recht ungefällige Anordnung konnte auch durch die jeweils entlang der Dachterrasse verlaufende Balustrade nicht wirklich aufgelockert werden.

4. Josep Oriol Mestres 1860 auf der Plaça de la Catalunya erbautes Haus Gibert war neogotisch und erinnerte zudem ein wenig an den Tudor-Stil. Das Haus Antoni Almendro von Jeroni Granell i Barrera aus dem Jahre 1871 und das am Carrer Pau Claris gelegene Haus F. Taltavull von Josep Xiró Jordà aus dem Jahre 1874 waren maurisch inspiriert, während das von Emili Sala i Cortès 1874 auf dem Carrer de Balmes erbaute Haus Salvador Piera Züge der französischen Renaissance trug. Diese frühen Beispiele versuchten, die im vorangegangenen Jahrzehnt in der Eixample vorherrschende klassische Ordnung aufzubrechen (beispielsweise die der eleganten „Xalets d'en Salamanca" von Elies Rogent aus dem Jahre 1865).

5. Rosemarie Bletter: *El arquitecto Josep Vilaseca i Casanovas. Sus obras y dibujos. Un catálogo razonado*, Barcelona 1977.

6. Die von Raquel Lacuesta verfaßten biographischen Angaben zu den katalanischen Architekten befinden sich im Anhang des Kataloges zur Ausstellung *El Modernisme* des Museums für Moderne Kunst in Barcelona, 1990, Bd. II, S. 312–324. Im Laufe seines beruflichen Werdegangs hat Sagnier (Santi Barjau Rico, *Enric Sagnier i Villaveccia, 1858–1931*, Magisterarbeit der Universität Barcelona, o. J.) gegen Ende des 19. Jahrhunderts eine Reihe schöner Wohnhäuser gebaut, zu denen die Casa Tomàs Roger am Carrer Ausiàs Marc (1892–1894), die Casa Isidra de Pedro am Carrer Diputació (1895) und die Casa Juncadella auf der Rambla de Catalunya (1899) zählen (letzteres wurde 1901 als gelungenstes Bauwerk des Jahres in Barcelona ausgezeichnet, existiert heute jedoch nicht mehr). Domènech i Estapa ist vor allem für das Gebäude der Catalana de Gas i Electricitat (1893–1895) bekannt.

7. Assumpció Feliu i Torras, *La Fondation de l'Ecole d'Architecture de Barcelone en 1875*, Wissenschaftliche Abhandlung, Rennes, Université de Haute-Bretagne, 1987.

8. E. Rogent i Amat, *La Arquitectura catalana en la primera mitad del presente siglo*, Barcelona 1901. Vgl. P. Hereu, *Vers una arquitectura nacional. Teoria i Història d'arquitectura a les lliçons d'Elies Rogent*, Dissertation an der Universität Barcelona, 1980.

9. Der erste Band der *Entretiens sur l'Architecture* erschien 1863. Die Veröffentlichung des zweiten Bandes wurde durch den Krieg von 1870 erheblich verzögert und war erst 1872 möglich. In diesem Zeitraum von zehn Jahren hatte Viollet-le-Duc seine Anschauungen deutlich weiterentwickelt und seine Leidenschaft für eine neue Architektur vertieft.

10. Gaudí vervollkommnete Martorells Entwurf für die Fassade der Kathedrale. Seine Zeichnungen wurden 1887 in der Zeitung *La Renaixensa* zusammen mit einer Kartusche von Domènech veröffentlicht, als die Bauarbeiten am ausgewählten Wettbewerbsbeitrag von Josep Oriol Mestres und August Font gerade begonnen hatten. Gaudí hatte bereits 1878 die Gelegenheit erhalten, mit Martorell zusammenzuarbeiten, als er auf Anregung von Eusebi Güell den Auftrag bekam, die Einrichtung für die von Martorell konzipierte Grabkapelle des Marquis de Cornillas zu entwerfen.

11. Dies muß als Verweis auf die Kultur des Westgotenreichs dies- und jenseits der Iberischen Halbinsel angesehen werden, als deren Symbol der Parabelbogen angesehen werden kann.

12. Ob die Kapelle der Schule in Tarragona wirklich Gaudí zugeschrieben werden kann, ist nicht gesichert. In seiner Veröffentlichung *Los proyectos de Gaudí para las religiosas de Jesús y María (1877–1882)*, Barcelona 1969, legt Joan Bassegoda allerdings dar, das dies mit großer Wahrscheinlichkeit der Fall ist. Zwei Kapellen sind für diese Glaubensgemeinschaft gebaut worden. Bei der ersten handelt es sich um die Kapelle in Sant Andreu de Palomar, die auf der Grundlage der Pläne von Joan Torras 1881 entstand und deren Dekoration von Gaudí stammt. Die zweite ist die Kapelle der Schule „Jesus und Maria" in Tarragona (1878–1879). Die Vermutung, daß Gaudí diese Kapelle erbaute, stützt sich auf die Tatsache, daß der damalige Generalvikar des Bistums, Joan Baptista Grau i Vallespinós, wie auch Gaudí aus Reus kam und ein Gönner des Architekten war (einige Jahre später sollte er Gaudí den Auftrag für den Bischofspalast in Astorga erteilen). Es steht übrigens fest, daß das Werk Boileaus Gaudí durchaus bekannt war. In seinen Entwürfen für die Sagrada Família ließ er sich deutlich von Boileaus „Sythetischer Kathedrale" inspirieren und strebte eine Verbindung des Grundrisses der Peterskirche in Rom mit der Silhouette der Kathedrale von Chartres an. Auch zeigte er in seiner früheren Schaffensperiode ein großes Interesse am Werkstoff Gußeisen, das er aber recht bald völlig ablegen sollte.

3
Der Jugendstil

1. Francesc Fontbona, Francesc Miralles, *Del Modernisme al Noucentisme, 1888–1917*, in *Història de l'Art Català*, Barcelona 1985, Bd. VII, S. 13–160.

2. E. E. Viollet-le-Duc, *Entretiens sur l'Architecture*, Bd. II, Paris 1872, XXe entretien, S. 397. An anderer Stelle (S. 369, über die Straßenarkaden in Genf) betont er den regionalistischen Aspekt eindeutiger. Hier wird das Raffinement des freistehenden Châteaus dem „gesunden, nützlichen und robusten" Charakter der bäuerlich-ländlichen Tradition gegenübergestellt.

3. Vgl. Jacques Gublers Ausführungen über dieses Phänomen in der Schweiz in *Nationalisme et Internationalisme dans l'Architecture moderne de la Suisse*, Lausanne 1975.

4. Nach Assumpció Feliu i Torras, *La Fondation de l'Ecole d'Architecture de Barcelone en 1875*, a.a.O., S. 27.

5. Die Konstruktion weist eindeutige Parallelen zu der zwischen 1873–1875 von Frank Furness erbauten Guarantee Trust and Safe Deposit Company in Philadelphia auf (veröffentlicht im *American Architect and Building News* vom 22. September 1877 – vgl. James F. O'Gorman, *The Architecture of Frank Furness*, Ausstellungskatalog des Philadelphia Museum of Art, 1973, S.91). Domènech wiederum beeinflußte seinerseits Ferninand Dutert bei dessen Konzeption der schönen Galerie in der Paléontologie du muséum d'Histoire naturelle de Paris, 1894–1895.

6. Judith C. Rohrer, *Artistic Regionalism and Architectural Politics in Barcelona c. 1880–c. 1906*, Dissertation der Columbia University, 1984.

7. J. Puig i Cadafalch, *Regionalisme artistich*, in *La Veu de Catalunya*, 13. September 1891, S. 423; *Art Català: la exposició d'arts decoratives* und *Del esperit regional en la decoració de las obras d'art industrial* in *La Renaixensa*, 20. März 1892, S. 317 und 2. Januar 1893, S. 35.

8. M. McCully, *Els Quatre Gats. Art in Barcelona around 1900*, Princeton 1978. Auch im Katalog zur Ausstellung *El Modernisme* (Barcelona 1990) findet sich eine ausführliche Behandlung dieses Themas (Bd. II, S. 65–84).

9. Der Palau de la Música Catalana wurde zur gleichen Zeit und nach gleichen Prinzipien gebaut wie der bekannte Saal Gaveau von J. Hermant in Paris. Aufgrund eines durch die Seitenwände verursachten Echos wäre die Akustik im Palau sicherlich sehr schlecht gewesen, hätte der Architekt nicht darauf geachtet, diesen Nachhall durch den Seitenwänden vorgelagerte Säulen und Bögen geschickt zu brechen. Ein in der Zeitschrift *L'Architecte* im September 1909 veröffentlichter Aufsatz über den Saal Gaveau wies darauf hin, daß der weit vorkragende Balkon und die durchbrochene Orgelempore wesentlich zu der guten Akustik beitragen. Die beiden Musiksäle basieren zwar auf ähnlichen Konstruktionsprinzipien, sind aber in ihrer Ausführung völlig verschieden: Der Saal Gaveau besteht aus armiertem Beton, der Palau aus Eisen und Ziegel. Auch in seinem üppigen Dekor unterscheidet sich Domènechs Bauwerk wesentlich von dem Hermants, der eine streng klassizistische Gestaltung wählte.

4
Das Hospital de Sant Pau

1. Vgl. insbesondere Robert Descharnes und Clovis Prévost, *La Vision artistique et religieuse de Gaudí*, Lausanne 1969.

2. Das Buch von Maria Lluïsa Borràs, *Domènech i Montaner. An Art Nouveau Architect*, New York 1971 (erste Auflage Barcelona 1970), enthält zahlreiche Abbildungen des Hospital de Sant Pau. Eine detaillierte Monographie über das Bauwerk ist in C. Bancells, *Sant Pau, Hospital modernista*, Barcelona 1988. Die Bauwerke von Domènech – wie auch jene von Puig – fanden erst recht spät eine erneute Würdigung. Eine Sonderausgabe der *Cuadernos de Arquitectura* (Barcelona, 2. und 3. Quartal 1963) machte zum ersten Mal auf Domènech i Montaner aufmerksam. Doch erst die von der Caixa d'estalvis de Barcelona durchgeführte Ausstellung (Lluís Domènech i Girbau, Lourdes Figueras i Burruli, *Lluís Domènech i Montaner i el director d'orquestra*, Barcelona 1989) erlaubte eine erste wirkliche Gesamtschau seines Werkes.

3. Nach M. L. Borràs, a.a.O., S. 60.

4. Siebzehntes Entretien, S. 283–290, Bd. II und Tafel XXXIII des Atlas. Viollet-le-Duc verweist hier auf klassische Vorbilder (beispielsweise Malgrange in der Nähe von Nancy und Stupinigi nahe Turin) und insbesondere auf eine von Hector Horeau 1855 in Primrose Hill in London erbaute Villa (siehe F. Boudon und F. Loyer, *Hector Horeau 1801–1872*, Paris, Anlage zu den *Cahiers de la Recherche architecturale*, Nr. 3, S. 61). Das Modell von Horeau, dem Anatole de Buadot in den Kolumnen der *Gazette des Architectes et du Bâtiment* eine kleine Untersuchung widmete (1868–1869, S. 233–234), inspirierte die theoretischen Untersuchungen Viollet-le-Ducs, der zu jener Zeit die Entretiens verfaßte. Mit Ausnahme der Krankenhauses de Sant Pau ist die Umsetzung dieses Konstruktionsmodells nur selten anzutreffen. Eine Ausnahme macht das zwischen 1903 und 1928 von Victor Horta erbaute Museum in Tournai.

5. Dreizehntes Entretien, S. 122–131, Bd. II und Tafel XXII bis XXIV des Atlas.

6. „Herr, beschütze uns, Freunde und Gäste dieses Hauses, im Himmel und auf Erden, und lehre uns, dieses in Demut zu achten. Amen."

7. Das von Casimir Tollet für die Pariser Krankenhäuser konzipierte Gewölbe wurde von Bichat in Saint-Denis und im Krankenhaus von Le Havre eingesetzt. Das auf den Bau von Krankenhäusern spezialisierte Unternehmen Tollet baute 1894 das Hospital von Madrid. Ohne Zweifel griff Domènech i Montaner bei der Realisierung seines Entwurfes in Barcelona auf dieses Modell zurück.

5
Die Trilogie der Moderne

1. Sigfried Giedion, *Raum, Zeit, Architektur*, Zürich und München 1976 (erste Ausgabe Harvard 1941). Der Autor weist unter anderem darauf hin, daß „Le Corbusier der erste war, der das Augenmerk seiner Zeitgenossen auf die Genialität Gaudís richtete. Er entdeckte Gaudí 1928 anläßlich einer Reise nach Madrid, die er in Zusammenhang mit dem Wettbewerb für den Palast des Völkerbundes unternommen hatte. Als der Vorstand des CIAM 1932 – zu einer Zeit folglich, in der einige von uns noch unter dem Einfluß eines rein rationalistischen Ansatzes

in der Architektur standen – in Barcelona ein Treffen abhielt, wies Le Corbusier mit Nachdruck auf den künstlerischen Wert der Arbeiten Gaudís hin." Diese Bemerkung aus dem Munde eines der Moderne verpflichteten Architekten ist ebenso überraschend wie aufschlußreich. Sie zeigt, daß Gaudí mehr als ein später Interpret der rationalistischen Neogotik des 19. Jahrhunderts war.

2. Josep Puig i Cadafalch, *L'œuvre de Puig i Cadafalch, architecte. 1896–1904*, Barcelona 1904, S. 6.

3. Antoni Gaudí, *L'Exposició d'Arts Decoratives en l'Institut del Foment del Treball Nacional*, in *La Renaixensa*, Barcelona 1. und 2. Februar 1881, S. 709–711 und 739–740. Diese 1973 von Judith Rohrer entdeckte Schrift ist die einzige Publikation Gaudís. Sie ist äußerst bemerkenswert, weil sie zum einen die Kritik des Architekten am zeitgenössischen Kunstschaffen dokumentiert und zum anderen das Verständnis für seinen künftigen künstlerischen Werdegang vermittelt.

4. Gaudí – seit 1873 Zeichner bei Josep Fontserè – beteiligte sich an den Projekten für den Bau des Mercat del Born und des Parks Ciutadella. Seine Leidenschaft für das Gußeisen, das allein durch die Gußform Gestalt annimmt, läßt den Bildhauer in Gaudí erkennen. Später gab er diese Technik vollständig auf, um sich anderen Gestaltungsmöglichkeiten, beispielsweise dem Zementputz und der Mauerverkleidung mit Bruchfliesen, zuzuwenden. Selbst Natursteine und Ziegel wußte er so geschickt einzusetzen, daß der nüchterne Ausdruck dieser Baustoffe zugunsten einer skulpturalen Formgebung, an der ihm so gelegen war, vollständig verschwand.

5. Die Ausstellung der dekorativen Künste in Barcelona von 1880 fand vier Jahre später eine Wiederholung. 1888 dann baute Domènech i Montaner im Rahmen der Weltausstellung das Café-Restaurant *Castell dels Tres Dragons*, das später Ausstellungsort für Werke der dekorativen und angewandten Künste wurde. Dies führte schließlich im Jahre 1894 zur Einrichtung des *Zentrums für dekorative Kunst* in Barcelona und zur Veröffentlichung der Zeitschrift *El Arte Decorativo*. Bis in die ersten Jahre des 20. Jahrhunderts hinein wurden in rascher Folge weitere Ausstellungen durchgeführt. Pablo de Alzola y Minondo erkannte die Bedeutung Barcelonas für die dekorativen Künste im ausgehenden 19. Jahrhundert und betonte in der *El Arte industrial en España* die führende Rolle, die die öffentlichen kulturellen Institutionen (Museen, Bibliotheken und Ausstellungen) in dieser Hinsicht spielen.

6. Gaudí wurde von seinem Professor für Ästhetik, Pau Milà i Fontanals, in das Werk von Ruskin eingeführt. Die Werke Wagners kamen nach der Premiere des *Lohengrin* im Jahre 1882 in Barcelona im Theater Liceu in großer Zahl zur Aufführung. In der Malerei war der Symbolismus – wenn auch in bescheidenem Maße – durch die Werke von Joan Brull und Josep Tamburini vertreten. Eusebi Güell war außerdem lebhaft an den Arbeiten von William Morris interessiert, von denen er sich in seiner eigenen Malerei inspirieren ließ. Darüber hinaus fanden in seinem Stadtpalast Literatur- und Musikabende statt.

7. Das bei Hachette 1897 erschienene Werk wurde bis in die zwanziger Jahre hinein häufig neu aufgelegt. Marcel Proust übersetzte in den ersten Jahren des 20. Jahrhunderts *Les Sept Lampes de l'Architecture* (Ersterscheinung 1849) und *Les Pierres de Venise* (1851–1853) sowie *La Bible d'Amiens* (1885). Letzteres hatte auf dem Kontinent einen weitaus nachhaltigeren Einfluß als die früher erschienenen Arbeiten Ruskins. Seine subtile Interpretation der mittelalterlichen Symbolik ebnete den Weg für das literarischen Schaffen von Huysmans.

8. Meine Betrachtungen über die Kapelle Güell (*La Chapelle Güell, laboratoire d'un nouveau langage plastique*, in *L'œil*, Nr. 198, Juni 1971, S. 14–21) verdanken viel den Arbeiten von Jørn Utzon und seinem Mitarbeiter Mogens Prip-Buus Erst durch ihre Arbeit lernte ich den künstlerischen Reichtum, der bereits von James Johnson Sweeney und Josep Lluís Sert in *Antoni Gaudí*, London 1960, gewürdigt worden war, aber auch die metaphysische Bedeutung dieses Bauwerkes zu verstehen.

9. Diese architekturgeschichtliche Synthese, die auf eine Idee von Louis-Auguste Boileau zurückgeht, findet auf die Sagrada Família bezogen eine beachtenswerte Darstellung bei Domènech Sugranyes. In seiner Arbeit *Disposició estatica del Temple de la Sagrada Família* (in *Associació d'Arquitectes de Catalunya*, Anuario, Barcelona 1923, S. 20) bezieht er sich auf die frühchristliche Kirche Saint-Paul-hors-les-Murs, auf die romanische Kirche Saint-Sernin in Toulouse und auf den gotischen Kölner Dom.

10. Dieser Ausdruck ist dem Ausstellungskatalog *Josep Maria Jujol* (Paris, Centre Georges Pompidou, 1990) entnommen. Das Zitat machte deutlich, wie sehr sich unser Verständnis für die Kunst des beginnenden 20. Jahrhunderts gewandelt hat. Jenseits stereotyper Beurteilungen als „florale Kunst" beginnt man heute, die künstlerische Komplexität dieser Epoche zu würdigen.

6
Das wiedererwachte Katalonien

1. Dieses Thema ist Gegenstand der Dissertation von Jean-Claude Vigato, *Le Régionalisme dans le débat architectural en France, de 1900 à 1945*, Brest, Université de Bretagne occidentale, 1990. Jean-Claude Vigato untersucht in seiner Arbeit die Beziehung zwischen Architektur und Politik in jener Zeit. Es wäre wünschenswert, vergleichbare Sichtungen und Untersuchungen der architektonischen Literatur der ersten Hälfte des 20. Jahrhunderts auch für andere europäische Länder durchzuführen. Zweifellos ließen sich über die sprachlichen und kulturellen Grenzen hinweg Übereinstimmungen in den verschiedenen Ländern aufzeigen.

2. Lluís Domènech i Montaner, *En busca de una arquitectura nacional*, in *La Renaixensa*, Barcelona, 1878, S. 149–160. Hinweise zu Publikationen von Puig i Cadafalch zum Thema Regionalismus, die zwischen 1891 und 1893 erschienen sind, finden sich unter der Anmerkung 7 von Kapitel 3.

3. E. E. Viollet-le-Duc, *Entretiens sur l'Architecture*, a.a.O., 19. Entretien, S. 356.

4. Unsere Ausführungen beziehen sich auf David Watkin, *Morality and Architecture: the Development of a Theme in Architectural History and Theory from the Gothic Revival to the Modern Movement*, Oxford 1977, sowie auf Anthony Vidler, *Robinson Crusoe et caetera*, in *Il Progetto domestico*, Katalog der 17. Triennale von Mailand, Mailand 1986, S. 80–87.

5. Diese Rückbesinnung auf das Ländliche war 1859 Philip Webbs wesentliche Innovation für das „Red House" von William Morris in Bexley Heath in Kent. Norman Shaw entwickelte für den Bedford Park in London diesen Ansatz zum Queen-Ann-Stil weiter, der jenseits einer historischen Gegenüberstellung der Stile

die englische traditionelle Wohnarchitektur zusammenfaßte (Mark Girouard, *Sweetness an Light.* The „Queen Ann" Movement 1860–1900, Oxford 1977).

6. Man wird es uns nachsehen, daß wir hier etwas mißbräuchlich die Sprache der historischen Schule übernommen haben. Dennoch ist leicht zu erkennen, wie sehr die geschichtliche Betrachtung seit Beginn des 20. Jahrhunderts ihre Perspektive geändert hat: Während sie sich früher in ihren Untersuchungen hauptsächlich auf einzelne Tatsachen und Ereignisse in ihrem zeitlichen Nacheinander konzentrierte (ohne Zweifel um die Unterschiede zwischen Einst und Jetzt herauszuarbeiten), so richtet die zeitgenössische Geschichtsforschung seit mehr als einem halben Jahrhundert ihr Augenmerk namentlich auf das Studium der Kontinuität in der historischen Entwicklung. Dieses Interesse bezieht sich sowohl auf die Lebensweise, die Gegenstand der Anthropologie ist, als auch auf kulturelle und gesellschaftliche Strukturen im Sinne von F. Braudel. Dieser Wandel gilt in besonderem Maße für die Kunstgeschichte und ihren philosophisch-ästhetischen Diskurs, der die zeitübergreifende Kontinuität des künstlerischen Schaffens, von den Anfängen bis in unsere Tage, betont und darin eine gewisse formale Abstraktion erkennt. Die Deutung der barocken Ästhetik durch den Katalanen Eugeni d'Ors und den Wiener Heinrich Wöllflin neigen aufgrund ihrer Systematik dazu, ahistorisch zu werden (im Namen einer Theorie der Zyklen, die historische Tatsachen verkennt). Sollte das 20. Jahrhundert, insgesamt gesehen, womöglich ahistorisch gewesen sein – selbst in der Beurteilung der Historiker?

7. In diesem Punkt unterscheidet sich der moderne Regionalismus von seinem Vorbild, dem „historischen Ruralismus" der in den sechziger Jahren in England entstehenden Arts-and-Crafts-Bewegung: Philip Webb und Norman Shaw blieben den historischen Bezügen treu. Der erste Künstler, der sich im letzten Jahrzehnt des vorigen Jahrhunderts von der archäologischen Nachahmung befreien konnte, ist Charles A. Voysey. Ohne Zweifel ist die Entwicklung, die um die Jahrhundertwende implizit jede Form von Historizismus verurteilt und vom Architekten die Anpassung der historischen Bezüge an Stilvorgaben seiner Zeit verlangt, auf seinen Einfluß zurückzuführen (und auf den Einfluß der Architekten der „Garden Cities"-Bewegung). Ein gutes Beispiel hierfür ist die im Stile des internationalen Regionalismus gehaltene Casa Masramon, die 1913 von Rafael Masó erbaut wurde und sich an den Wiener Sezessionsstil anlehnt.

7
Die Apotheose des Rationalismus

1. J. Martorell i Terrats, *La arquitectura moderna. I. La Estética. II. Las Obras*, in *Catalunya*, Nr. 13, September 1903. Dieser Artikel gibt einen Überblick über die Tendenzen der neuen Architektur und enthält ein Verzeichnis der verwendeten Literatur. Auf diese Weise wird deutlich, in welchem Maße ausländische Strömungen in den katalanischen Künstlerkreisen bekannt waren.

2. Manuel de Torres, *El planejament urbà i la crisi de 1917*, Barcelona 1987. Auch der Artikel von Ignasi de Solà-Morales ist in diesem Zusammenhang sehr interessant: *...Ciudad ordenada y monumental... La arquitectura de Josep Puig i Cadafalch en la época de la Mancomunidad*, Katalog zur Ausstellung *Josep Puig i Cadafalch. La arquitectura entre la casa y la ciudad*, Barcelona 1989, S. 36–65.

3. Hierbei handelt es sich um die Wohnhäuser Casarramona (1921–1923) und Rosa-Alemany (1928–1929).

4. Das Bauwerk sollte erst im Jahre 1927 auf der Grundlage der Pläne von Josep Goday, Partner von Jaume Torres i Grau, entstehen.

5. Eine Beurteilung dieser Zeit hat I. de Solà-Morales versucht. Vgl. *Sobre Noucentisme y arquitectura. Notas para una historia de la arquitectura moderna en Cataluña (1909–1917)*, in *Eclecticismo y vanguardia*, Barcelona 1980, S. 72–89, sowie J.M. Rovira, *La arquitectura catalana de la Modenridad*, Barcelona 1987.

6. Cèsar Martinells 1967 vom Colegio Oficial de Arquitectos de Cataluña y Baleares in Barcelona veröffentlichtes Werk *Gaudí, su vida, su teoría, su obra* wurde 1955 erstmals bei Electa in Mailand aufgelegt. Martinell, seit 1916 diplomierter Architekt, wandte sich nach 1929 der Kunstgeschichte zu und spezialisierte sich auf den Barock und auf das Werk Gaudís. Seine Ausführungen sind insofern von besonderem Wert, als sie sich noch auf eine Vielzahl von Dokumenten stützen konnten, die später in den Wirren des Bürgerkrieges verlorengegangen sind.

7. Dieser treffende Ausdruck, der auch der Titel eines in *Architecture, Mouvement, Continuité* (Nr. 37, Paris 1975, S. 47–48) erschienenen Aufsatzes ist, bezieht sich auf zwei Wohnhäuser (1912 und 1924) in der Rue Vavin in Paris, die von Henri Sauvage konzipiert wurden. Beim ersten handelt es sich um die bekannte „maison à gradins" aus armiertem Beton, die als Musterbeispiel einer modernen Architektur galt. Das zweite war ein Wohnhaus aus Haustein, dessen konventioneller Charakter wohl dem ausdrücklichen Wunsch des Auftraggebers und weniger dem Wunsch des Architekten zugeschrieben werden muß. Grumbach war der erste Architekturkritiker, der auf chronologische und ästhetische Widersprüche und Brüche im Werk eines modernen Architekten hinwies. Es würde sich lohnen diese Betrachtungsweise auch auf andere Architekten, insbesondere aber auf die schillernde Persönlichkeit Josep Puigs anzuwenden. Allerdings ging es uns vor allem darum, aufzuzeigen, daß es sich bei Puigs Sinneswandel nicht um einen persönlichen „Verrat", sondern eher um ein globales Phänomen handelte, das die Widersprüchlichkeit des architektonischen Schaffens in der modernen Welt deutlich macht.

Bibliographie

Ausstellungskataloge

Pionniers du XXe siècle 2. Gaudí. Musée des Arts Décoratifs, Paris 1971.

Ildefonso Cerdá. Colegio Nacional de Ingenieros de Caminos. Canales y Puertos, Barcelona 1976.

Arquitectura industrial a Catalunya, 1732–1929. Caixa de Barcelona, Barcelona 1984.

Antoni Gaudí 1852–1926. Caixa de Pensions, Barcelona 1985.

Inicis de la Urbanística Municipal de Barcelona. Ajuntament de Barcelona, Barcelona 1985.

L'Arquitectura en la història de Catalunya. Caixa de Catalunya, Barcelona 1987.

Elies Rogent i la Universitat der Barcelona. Generalitat de Catalunya et Universitat de Barcelona. Barcelona 1988.

Joseph Maria Jujol. Col·legi d'Arquitectes de Catalunya, Barcelona 1988–1989.

Josep Puig i Cadafalch, la arquitectura entre la casa y la ciutad (Architecture between the House and the City). Fundació Caixa de Pensions, Barcelona 1989.

Lluís Domènech i Montaner i el Director d'orquestra. Fundació Caixa de Barcelona, Barcelona 1989–1990.

El Quadrat d'Or, 150 casas en el centro de la Barcelona modernista, Ausstellung organisiert im Rahmen der Olimpíada Cultural Barcelona '92. Ajuntament de Barcelona, Barcelona 1990.

El Modernismo, Ausstellung organisiert im Rahmen der Olimpíada Cultura Barcelona '92. Museu d'Art Modern, Barcelona 1990–1991.

Werke

Bancells Consol, *Sant Pau. Hospital modernista.* Edicions de Nou Art Thor, Barcelona 1988.

Barey André, *Barcelona: de la ciutat pre-industrial al fenomen modernista.* Editorial La Gaya Ciència, Barcelona 1980.

Bassegoda Bonaventura, *El arquitecto Elies Rogent.* Asociación de Arquitectos de Cataluña, Barcelona 1929.

Bassegoda i Nonell Joan, *Puig i Cadafalch.* Edicions de Nou Art Thor, Barcelona 1985.

Bassegoda i Nonell Joan, *Domènech i Montaner.* Edicions de Nou Art Thor, Barcelona 1986.

Bassegoda i Nonell Joan, *Gaudí.* Edicions de Nou Art Thor, Barcelona 1986.

Bassegoda i Nonell Joan, *Modernisme a Catalunya.* Edicions de Nou Art Thor, Barcelona 1988.

Bassegoda i Nonell Joan, *La Pedrera de Gaudí.* Fundació Caixa de Catalunya, Barcelona 1989.

Bassegoda i Nonell Joan, *Jujol.* Edicions de Nou Art Thor, Barcelona 1990.

Bergós Joan, *Gaudí, l'home i l'obra.* Editorial Ariel, Barcelona 1954.

Bletter Rosemarie, *El arquitecto Josep Vilaseca i Casanovas, sus obras y dibujos.* Editorial la Gaya Ciència, Barcelona 1977.

Bohigas Oriol, *Arquitectura modernista.* Editorial Lumen, Barcelona 1968.

Bohigas Oriol (Reihe A. González und R. Lacuesta), *Reseña y Catalogo de la arquitectura modernista* (überarbeitete und ergänzte Ausgabe der *Arquitectura modernista*). Bd. 2, Editorial Lumen, Barcelona 1983 (1973).

Bohigas Oriol, *Lluís Domènech i Montaner.* Edicions Lluís Carulla i Canals, Barcelona 1973.

Bonet i Garí Lluís, *Les Masies del Maresme.* Editorial Montblanc – Martín, Barcelona 1983.

Borràs Maria Luisa, *Lluís Domènech i Montaner.* Edicions La Poligrafa, Barcelona 1970.

Cabana i Vancells Francesc, Feliu i Torras Assumpció, *Can Torras dels ferros,* 1876–1985. *Siderúrgia i construccions metàl·liques a Catalunya.* Tallers Gràfics Hostench, Barcelona 1987.

Casanelles Eusebi, *Nueva visión de Gaudí.* Edicions La Poligrafa, Barcelona 1965.

Cirici Pellicer Alexandre, *El arte modernista catalán.* Editorial Aymà, Barcelona 1951.

Cirici Pellicer Alexandre, *1900 en Barcelona. Modernismo. Modern Style. Art Nouveau. Jugendstil.* Edicions La Poligrafa, Barcelona 1967.

Collins George R., *Antonio Gaudí.* Collection Masters of World Architecture. George Braziller Publisher, New York 1960 (spanische Ausgabe, Editorial Brughera, Barcelona 1961).

Collin George R., Bassegoda i Nonell Joan, *The Designs and Drawings of Antonio Gaudí.* Princeton University Press, Princeton, New Jersey 1983.

Cuspinera Lluís, *Manifestacions de l'Art Modernista a La Garriga, 1900–1912,* Bd. 2 Editorial Rourich, Sant Cugat del Vallès 1988.

Descharnes Robert, Prévost Clovis, *La vision artistique et religieuse de Gaudí.* Edita, Lausanne 1969.

Duran i Farell Pere, Rosell i Colomina Jaume, *La Exposición de 1888 y la Barcelona de fin de siglo.* Auszug aus der Zeitschrift *Barcelona, Metròpolis mediterrània.* Ajuntament de Barcelona, Barcelona 1988.

Flores Carlos, *Gaudí, Jujol y el Modernismo catalán,* 2 Bde. Ediciones Aguilar, Madrid 1982.

Fontbona Francesc, *La crisi del modernisme artistic.* Curial Edicions Catalanes, Barcelona 1975.

Fontbona Francesc, Miralles Francesc, *Del Modernisme al Noucentisme, 1888–1917,* História de l'Art Catalá, Bd. 7. Edicions 62, Barcelona 1985.

Freixa Mireia, *El Modernismo en España.* Ediciones Cátedra, Madrid 1986.

Güell Xavier, *Antoni Gaudí.* Editorial Gustavo Gili, Barcelona 1986.

Hernàndez-Cros Josep Emili, *Moretó i Navarro Bel* (et.al.), *Catàleg del Patrimoni Arquitectònic Històrico-Artistic de la ciutat de Barcelona.* Ajuntament de Barcelona, Barcelona 1987.

Infiesta José Maria, *Modernismo en Cataluña.* Edicions de Nou Art Thor, Barcelona 1976.

Jardí Enric, *Puig i Cadafalch, arquitecte, polític i historiador de l'art.* Editorial Ariel, Barcelona 1975.

Le corbusier, *Gaudí.* Editorial RM, Barcelona 1958.

Llinàs José, *Jujol.* Benedikt Taschen Verlag, Köln 1994.

Lozoya Antoni, Fochs Pere, *Central Vilanova.* Ediciones de la Hidroeléctrica de Cataluña, Barcelona 1987.

Mackay David, *L'Arquitectura modernista a Barcelona,* 1854–1939. Edicions 62, Barcelona 1989.

Martinell Cèsar; *Gaudí, su vida, su teoria, su obra.* Colegio Oficial de Arquitectos de Cataluña y Baleares, Barcelona 1967.

Martinell Cèsar, *Conversaciones con Gaudí.* Ediciones Punto Fijo, Barcelona 1969.

Martinell Cèsar, *Construcciones agrarias en Cataluña.* Colegio Oficial de Arquitectos de Cataluña y Baleares, Barcelona 1975.

Masini Lara V., *Antoni Gaudí,* collection I Maestri del Novecento. Sadea Sansoni editori, Florence 1969.

McCully M., *Els Quatre Gats. Art in Barcelone around 1900.* Princeton University Press, Princeton 1978.

Mendoza Cristina y Eduardo. *Barcelona modernista.* Editorial Planeta, Barcelona 1989.

Montaner Josep Maria, *Barcelona. Stadt und Architektur.* Benedikt Taschen Verlag, Köln 1997.

Puig i Cadafalch Josep, *L'œuvre de Puig Cadafalch architecte,* 1896–1904. Edicions Parera, Barcelona 1904.

Ràfols J. F., *El arte modernista en Barcelona.* Libreria Dalmau, Barcelona 1943.

Ràfols J. F., *Modernismo y modernistas.* Ediciones Destino, Barcelona 1949 (Titel der katalanischen Ausgabe: *Modernisme i modernistes,* 1982).

Rodent Pedrosa F., *Arquitectura moderna de Barcelona,* Edicions Parera, Barcelona 1897.

Sàbat Antoni, *Palau de la Música catalana.* Editorial Escudo de Oro, Barcelona 1974.

Sert Josep Lluís, *La cripta de la capilla de la Colonia Güell,* Edicions La Poligrafa, Barcelona 1972.

Solà-Morales Ignasi de, *Joan Rubió i Bellver y la fortuna del gaudinismo.* Editorial La Gaya Ciència, Barcelona 1975.

Solà-Morales Ignasi de, *Eclecticismo y vanguardia. El caso de la arquitectura moderna en Catalunya.* Editorial Gustavo Gili, Barcelona 1980.

Solà-Morales Ignasi de, *Gaudí.* Edicions La Poligrafa, Barcelona 1983.

Solà-Morales Ignasi de, *Jujol.* Edicions La Poligrafa, Barcelona 1990.

Sweeney James Johnson, Sert Josep Lluís, *Antoni Gaudí.* The Architectural Press, London 1960.

Tarrús Joan, *Rafael Masó.* Colegio Oficial de Arquitectos de Cataluña y Baleares, Barcelona 1971.

Torii Tokutushi, *El mundo enigmático de Gaudí.* Instituto de España, Madrid 1983.

Vila-Grau Joan, Rodon Francesc, *Els vitrallers de la Barcelona modernista.* Edicions La Poligrafa, Barcelona 1982.

Zerbst Rainer, *Antoni Gaudí.* Benedikt Taschen Verlag, Köln 1988.

Architekturführer

Bancells Consol, *Guia del Modernismo a l'Eixample.* Ajuntament de Barcelona et Edicions de Nou Art Thor, Barcelona 1990.

Hernàndez-Cros J. E., Mora G., Pouplana X., *Guia de Arquitectura de Barcelona.* Col·legi Oficial d'Arquitectes de Catalunya et Ajuntament de Barcelona, Barcelona 1985.

Lacuesta Raquel, Gonzáles Antoni, *Arquitectura modernista en Cataluña.* Editorial Gustavo Gili, Barcelona 1990.

Pladevall i Font Antoni, Pagès i Paretas Montserrat, *Voici la Catalogne, guide du patrimoine architectural.* Generalitat de Catalanya, Barcelona 1988.

Rutas del Modernismo. Generalitat de Catalunya, Barcelona 1988.

Tarrús Joan, Comadira Nardís, *Guia de l'Arquitectura dels segles XIX i XX a la provincia de Girona.* Editorial La Gaya Ciència, Girona 1977.

Verzeichnis der Abbildungen

Titelbilder der Kapitel

Werke der einzelnen Architekten

Weitere abgebildete Werke

Personen- und Sachregister

Wenn nicht anders erwähnt, befinden sich die Bauwerke in Barcelona.

C

D

E

F

M

N

O

P

Q

R

S